本书为国家社科基金后期资助项目"自然村自治与新农村建设研究（项目编号：19FZZB016）"、广东省哲学社会科学规划青年项目"粤港澳大湾区背景下的城市基层党建引领基层治理创新研究（项目编号GD19YDS01）"、中共广东省委党校（广东行政学院）2019年度一般课题"粤港澳大湾区背景下党建引领基层治理创新研究（项目编号XYYB201915）"的阶段性成果。

中国书籍学术之光文库

历史延续性视角下
大国之治的传统根基

华南宗族型村庄的传统形态及其现代转型

吴记峰 | 著

中国书籍出版社
China Book Press

图书在版编目（CIP）数据

历史延续性视角下大国之治的传统根基：华南宗族型村庄的传统形态及其现代转型/吴记峰著.—北京：中国书籍出版社，2020.9

ISBN 978－7－5068－7985－9

Ⅰ.①历… Ⅱ.①吴… Ⅲ.①宗族—村落—研究—华南地区 Ⅳ.①K928.5

中国版本图书馆 CIP 数据核字（2020）第 173401 号

历史延续性视角下大国之治的传统根基：华南宗族型村庄的传统形态及其现代转型

吴记峰　著

责任编辑	毕　磊
责任印制	孙马飞　马　芝
封面设计	中联华文
出版发行	中国书籍出版社
地　　址	北京市丰台区三路居路 97 号（邮编：100073）
电　　话	（010）52257143（总编室）　（010）52257140（发行部）
电子邮箱	eo@chinabp.com.cn
经　　销	全国新华书店
印　　刷	三河市华东印刷有限公司
开　　本	710 毫米×1000 毫米　1/16
字　　数	177 千字
印　　张	15.5
版　　次	2020 年 9 月第 1 版　2020 年 9 月第 1 次印刷
书　　号	ISBN 978－7－5068－7985－9
定　　价	95.00 元

版权所有　翻印必究

目　录
CONTENTS

导读　国家治理现代化的传统根基 ·· 1

第一章　宗族型村庄的由来与沿革 ·· 8
 第一节　宗族起源 ·· 11
 第二节　宗族南迁 ·· 14
 第三节　宗族繁衍 ·· 16
 第四节　宗族村落形成 ·· 26
 第五节　宗族村落建制 ·· 30
 第六节　宗族村落变迁 ·· 32
 第七节　宗族村落现状 ·· 34

第二章　宗族型村庄的自然形态与实态 ·· 37
 第一节　宗族村气候特征 ·· 37
 第二节　宗族村地理特征 ·· 42
 第三节　宗族村水文特征 ·· 47
 第四节　宗族村交通特征 ·· 49

第五节　宗族村村庄现状 …………………………………… 51

第三章　宗族型村庄的经济形态与实态　**57**

第一节　宗族村经济概况 …………………………………… 57
第二节　宗族村产权形态 …………………………………… 59
第三节　宗族村交换形态 …………………………………… 65
第四节　宗族村产业形态 …………………………………… 73
第五节　宗族村分配形态 …………………………………… 77
第六节　宗族村消费形态 …………………………………… 79
第七节　宗族村继承形态 …………………………………… 82
第八节　宗族村经济变迁 …………………………………… 85
第九节　宗族村经济实态 …………………………………… 91

第四章　宗族型村庄的社会形态与实态　**107**

第一节　宗族村社会概况 …………………………………… 107
第二节　宗族村社会构成 …………………………………… 110
第三节　宗族村社会组织 …………………………………… 116
第四节　宗族村社会交往 …………………………………… 119
第五节　宗族村社会分化 …………………………………… 120
第六节　宗族村社会冲突 …………………………………… 122
第七节　宗族村社会保障 …………………………………… 125
第八节　宗族村社会变迁 …………………………………… 127
第九节　宗族村社会实态 …………………………………… 128

第五章　宗族型村庄的文化形态与实态 ········· **151**
- 第一节　宗族村文化概况 ········· **151**
- 第二节　宗族村信仰形态 ········· **152**
- 第三节　宗族村习俗形态 ········· **158**
- 第四节　宗族村文娱形态 ········· **160**
- 第五节　宗族村教育形态 ········· **162**
- 第六节　宗族村文化实态 ········· **164**

第六章　宗族型村庄的治理形态与实态 ········· **188**
- 第一节　宗族村治理概况 ········· **189**
- 第二节　宗族村治理主体 ········· **192**
- 第三节　宗族村治理内容 ········· **194**
- 第四节　宗族村治理规则 ········· **196**
- 第五节　宗族村治理过程 ········· **198**
- 第六节　宗族村治理变迁 ········· **200**
- 第七节　宗族村治理实态 ········· **206**

第七章　宗族型村庄的未来走向及影响启示 ········· **225**
- 第一节　宗族型村庄的未来走向 ········· **225**
- 第二节　宗族型村庄的发展启示 ········· **230**

后　记 ········· **236**

导读

国家治理现代化的传统根基

近代百年的中国历史是从传统社会向现代社会转型的历史，这场转型内在的过程是缓慢、渐进和持续的。中国的现代化，中国社会的未来发展，在很大程度上取决于人们对村落家族文化取何种态度，对村落家族文化的变化如何应变。[①] 即便是进入了新时代并开启全面建设社会主义现代化新征程的中国，在坚持和完善中国特色社会主义制度、推进国家治理体系和治理能力现代化的过程中依旧深受传统村落家族文化影响，费正清教授曾指出，现代中国是轻敷在古老文明表面的一层粉饰，在这层虚饰底下，旧中国仍在半个大陆的农村里继续存在。[②] 党的十九届四中全会通过的《中共中央关于坚持和完善中国特色社会主义制度推进国家治理体系和治理能力现代化若干重大问题的决定》（以下简称《决定》），是对我国国家制度和国家治理体系和治理能力的一次科学性、系统性的总结，全面揭示了中国特色社会主义制度的优越性。《决定》中特别指出，推进全面深化改革，既要保持中国特色社会主义制

---

① 王沪宁. 当代中国村落家族文化［M］. 上海：上海人民出版社，1991：7.
② 费正清. 美国与中国［M］. 北京：世界知识出版社，2008：228-229.

度和国家治理体系的稳定性和延续性，又要抓紧制定国家治理体系和治理能力现代化急需的制度、满足人民对美好生活新期待必备的制度，推动中国特色社会主义制度不断自我完善和发展、永葆生机活力。这也诚如习近平总书记多次强调："我国今天的国家治理体系，是在我国历史传承、文化传统、经济社会发展的基础上长期发展、渐进改进、内生性演化的结果。"① 其实，马克思、恩格斯也曾指出："人们自己创造自己的历史，但是他们并不是随心所欲地创造，并不是在他们自己选定的条件下创造，而是在直接碰到的、既定的、从过去继承下来的条件下创造。"② 甚至有学者认为这种影响的存在主要还是由于中国道路的历史延续性，中国道路有着深厚的历史根基，其鲜明特点就是历史延续性而不是断裂性，而延续性的主要力量在于内在的动力和活力。这种动力不是瞬间的"爆发力"，而是一种可持续的制度化动力。这种历史延续性为近代以来中国的创新性革命和发展提供了基础，并由此最终形成中国特色社会主义发展道路，尽管这一道路仍然是未了的接力过程。③

起点决定路径，底色形成特色，新时代推进国家治理体系和治理能力现代化，还是要首先回到传统中国，深入了解大国之治的历史根基，深度理解中国特色社会主义的本土资源，深刻剖析传统元素的历史延续性及其对现代化治理的影响。传统中国，是一个被西方学者定格了的"东方专制主义"，即长期以来，在西方话语体系中，包括中国在内的东方社会被定格为奴役性、停滞性的"东方专制主义"④。亚里士多德

---

① 习近平谈治国理政 [M]. 北京：外文出版社，2014：105.
② 马克思恩格斯选集（第1卷）[M]. 北京：人民出版社，2012：332.
③ 徐勇. 历史延续性视角下的中国道路 [J]. 中国社会科学，2016（7）.
④ 徐勇. 东方自由主义传统的发掘 [J]. 学术月刊，2012（4）.

（Aristotle）就种下"西方是自由的，东方是专制的"种子①。孟德斯鸠（Montesquieu）将西方理论传统中的"东方专制"思想倾向发挥到极致，提出了"亚洲的奴役"和"欧洲的自由"的二元认识框架。② 他甚至提出："一种奴隶的思想统治着亚洲，而且从来没有离开过亚洲。在那个地方的一切历史里，是连一段表现自由精神的记录都不可能找到的。那里，除了极端的奴役而外，我们将永远看不见任何其他东西。"③ 黑格尔（G. W. F. Hegel）也是用"专制主义"来描述东方，特别是中国，"中国人既然是一律平等，又没有任何自由，所以政府的形式必然是专制主义"④。马克斯·韦伯（Max Weber）总体上也是视东方社会是专制的、奴役的、停滞的，只有自由的西方才创造出主动进取、勤奋克俭的个人主义精神，从而产生了现代性的资本主义。历史进入20世纪之后，"东方专制主义"从思想界拓展到全社会，这一概念本身也更加理论化、系统化。其集大成者魏特夫基于"治水社会"出版《东方专制主义》一书，认为大型水利建设和管理必然导致专制主义。在强大的专制政体下，人民没有自由，只有"恐怖""屈从"和"孤独"。只要治水社会不变，专制主义就会永远存在。⑤ 近年来，国内很多学者从理论上对"东方专制主义"提出质疑，如徐勇教授就指出的，西方学者运用"东方专制主义"的概念来描述非西方的东方社会，一定程度上揭示了东方社会的特点，也有一定的认知价值。但"东方专制主

---

① 常保国. 西方历史语境中的"东方专制主义"[J]. 政治学研究, 2009 (5).
② 徐勇. 东方自由主义传统的发掘 [J]. 学术月刊, 2012 (4).
③ [法] 孟德斯鸠. 论法的精神（上）[M]. 张雁深, 译. 北京: 商务印书馆, 1987: 278 – 279.
④ [德] 黑格尔. 历史哲学 [M]. 王造时, 译. 北京: 商务印书馆, 2007: 435.
⑤ 徐勇. 东方自由主义传统的发掘 [J]. 学术月刊, 2012 (4).

义"作为一种理论，其认知限度也是显而易见的，存在历史和政治上的傲慢与偏见，这种偏见既有"欧洲中心主义"认同产生的偏见，也有西方学者未到东方而因无知产生的偏见，还有西方学者在建构东方专制理论时因为解释产生的偏见，更有西方学者出于傲慢产生的偏见。[1]这种"东方专制主义"的偏见甚至影响了马克思和恩格斯对东方社会的认知，虽然他们是从生产方式的角度来论证东方专制主义，并指出停滞性不是东方社会特有，而是前资本主义时期的共同社会现象。他们还认为东方社会有可能在汲取人类文明成果的基础上超越资本主义痛苦进入更高类型的社会。但由于历史条件所限，马克思、恩格斯对东方社会的了解也是有限的，特别是他们所论述的东方社会主要还是俄国和印度，因此马克思、恩格斯及其后来的马克思主义者对东方社会的经济社会基础缺乏深入的了解和分析，也就难以建立起一种全新的认识框架。[2] 由此，在数千年西方思想界的描述下，"东方专制主义"已成为东方世界主要、甚至唯一的"图景"，这一根深蒂固的观念使人们认为西方因为自由而获得世界，东方因为奴役而造成了停滞。[3] 然而，如同徐勇教授提出的，这一"历史定论"到了21世纪面临着严峻的挑战，即为什么一个因东方专制主义停滞不前的传统国度迅速崛起，并正在日益走近世界舞台中央？中国特色社会主义道路取得的成功不是费正清先生"冲击—回应"理论框架就能解释的，还是要回到传统中国找寻中国道路的传统根基。回到传统中国的乡土社会场域，不难发现，长期以

---

[1] 徐勇. 东方自由主义传统的发掘[J]. 学术月刊, 2012 (4).
[2] 徐勇. 东方自由主义传统的发掘[J]. 学术月刊, 2012 (4).
[3] 徐勇. 东方自由主义传统的发掘[J]. 学术月刊, 2012 (4).

来学界存在两个遮蔽，一是既有理论遮蔽着丰富的事实，二是上层政治遮蔽了基层社会①，即在西方"东方专制主义"的理论之下有一个更加丰富、更加多样的传统中国社会事实，中央封建集权统治之下还有一个被长期遮蔽的自由的、自治的乡土中国。此外，从区域性上认识乡土中国，还会发现在北方大型水利工程基础上形成的专制社会之外，还有一个被遮蔽的南方小型水利建设中发育出的自治社会。当然，南北方的差异也在于两千年的封建专制统治的核心区域尤其是都城大多是在北方，而南方尤其是岭南地区地处边陲，中央专制统治影响相对较弱。由此，西方学者在认识东方社会的过程中，只看到了表层，而未能认识到丰富的中国事实、基层的乡土社会、明显的地域差异。

正是在这个意义上，徐勇教授提出了"东方自由主义"的理论体系，而要理解"东方自由主义"，就要回到传统中国的历史场域，深度的理解传统中国。在中国，由无国家的氏族社会到有国家的政治社会并不是突然跃进、二元分割的。以血缘关系为基础的氏族社会构成国家诞生的母体，并对未来的国家造型和演进产生重大影响。② 马克思曾指出："我们越往前追溯历史，个人，从而也是进行生产的个人，就越表现为不独立，从属于一个较大的整体；最初还是十分自然地在家庭和扩大成为氏族的家庭中。"③ 而在社会学大师韦伯看来，氏族在西方的中世纪实际上已销声匿迹了，在中国则完整地保存于地方行政的最小单元，以及经济团体的运作中。并且氏族发展的程度，是其他各地，甚至

---

① 徐勇.从中国事实看"东方专制论"的限度［J］.政治学研究，2017（4）.
② 徐勇，杨海龙.历史政治学视角下的血缘道德王国［J］.云南社会科学，2019（4）.
③ 马克思恩格斯选集（第2卷）［M］.北京：人民出版社，2012：684.

是印度,所不能及的。① 宗族社会的制度底色与西方是不同的,中世纪欧洲是"长子继承制",长子之外的孩子成人之后走出庄园、进入城镇,推动了城市工商业的发展,这种商业文明的内在需要产生了具有强大建构性的"天赋人权"理性原则,强调人具有与生俱来的权利,是为了更好的生存不得已转让自己的部分权利,也正是这一理念内生了"市民社会"与"政治国家"的二元对立关系。② 而传统中国乡土社会实施的却是"分家制",正是在这一制度下,农业文明与宗族社会代代沿袭、延绵不断。也正是在这一基础性制度的影响下,传统中国农民人身自由、经济自主、社会自治、思想自在。所以说,在"东方专制主义"之下,存在一个被遮蔽的"东方自由主义"。只不过西方是"城市的空气使人自由",东方是"乡村的空气使人自由"。

正是从这个意义上讲,新时代要理解中国特色社会主义制度,探讨大国之治的中国方案,并为中国治理体系和治理能力现代化做出整体性、系统性且具有前瞻性的制度安排,就必须要首先回到传统中国,对传统中国的社会基础有一个深刻的理解,进而对其现代化变迁进行深度梳理。当然,传统的乡土中国是由一个个千百年来自然形成的自然村组成的,这种自然村为基本单元的乡土中国在华南社会得到了最好的延续。本文就是以华南社会一个最为普通的自然村——大田村为例,对传统时期的自然村历史形态进行全方位的挖掘,对其近代以来的发展变迁进行过程的梳理,对其当下的社会时态进行全景式研究,进而找寻大国之治的传统根基与社会基础,并进一步为中国特色社会主义道路寻找更

---

① 韦伯. 中国的宗教:宗教与世界[M]. 桂林:广西师范大学出版社,2004:140.
② 徐勇. 祖赋人权:源于血缘理性的本体建构原则[J]. 中国社会科学,2018(1).

深厚、更基础的本土资源。

从研究方法上看，本研究主要是采用了"华南学派"的研究方法，即强调田野调查的方法，重视家谱、地方志、口述史等民间文献的使用，自下而上的来看待社会、看待国家。当然，在"华南学派"第三代学者翘楚宋怡明看来，"华南学派"之"华南"并不是地域上的所指，但不可否认的是，早期的华南学派学者，大多是在华南地区开展的历史人类学的研究，而本文的案例村庄大田村则是位于广东省清远市，属于典型的华南村落。当然，本研究在研究方法上其实很大程度上受到了历史政治学和政治学"田野学派"的影响，主要还是从政治学的视角来看待宗族村变迁对于大国之治的影响。而在具体的研究方法上，本研究主要采用了参与式研究的方式，笔者在研究过程中驻村两年，在这其中对村庄的整个传统形态和当下时态进行了全面而深入的挖掘。当然在具体的方法上还采用了访谈、座谈、口述史、问卷调查等方式，最大深度、最大精度地挖掘了村庄在政治、经济、文化、社会、生态等方面的材料，对于整体性把握村庄传统形态及其现代变迁提供了坚实的材料支撑。也正是在这样深度调研的基础上，才能更好地从历史延续性的视角下对大国之治的传统根基有一个深刻的理解，对国家治理体系和治理能力现代化的传统影响、当下问题、未来路向有一个清晰的认知，这也是本文研究的最大价值所在。

第一章

宗族型村庄的由来与沿革

当下中国，随着城市化、城镇化的迅速推进，乡土社会也处于深刻的变迁之中，千千万万个村庄在历史的演进中或发展、或蜕变、或消逝，纷纷在现代化进程中书写着不同的村庄故事，走向不可预知的村庄归宿。但就是在这个千年未有之大变局中，也有一部分村庄还在很大程度上保留了传统的元素、乡土的底色，它们在中国村庄中特立独行，被统称为宗族型村庄，并因主要集中于我国华南地区的江西、福建、广东等省份而共同组成了一个具有显著特质的华南乡土社会。宗族型村庄一般先有姓、再有族、后有村，村庄由一个或几个宗族经过数百年的繁衍生息自然发展而来。当然，这里所说的村庄，是指在千百年发展变迁中自然形成的自然村，而不是20世纪80年代初人民公社解体后逐步设立的建制村。直至今天，华南社会都是由一个个自然村组成的，这些自然村内的村民地域相近、文化相关、利益相连，更重要的是血脉相连，有着共同的祖先崇拜与社会网络，也就组成了一个个联系紧密的宗族共同体、利益共同体、文化共同体、社会共同体。位于广东省清远市佛冈县石角镇的大田村就是这种宗族型村庄中的一个。

大田村（以下简称大田）位于广东省清远市佛冈县，是佛冈县石角镇里水片区下辖的一个自然村。所谓里水片区，原本是里水建制村，2014年清远市村级组织改革中将里水村改为里水片区，设党政公共服务站，作为石角镇政府的派出机构。大田原本是里水建制村下的一个自然村、村民小组，改革后与邻近的瓦田寮村民小组成立了新的村民委员会，也称大田村。本文所说大田村是指不包含瓦田寮村民小组的大田自然村。大田村所在区域又被称为龙南或新农村试验区，皆因2005年前里水与另外的龙塘、小潭、石铺、小梅、山湖五个建制村本同属龙南镇。2005年合村并镇后，龙南镇并入石角镇，成为石角镇的一个片区。2011年底，佛冈县又在原龙南镇区域内设立广东省社会主义新农村建设试验区（以下简称"新农村试验区"）。由此，人们又习惯上称大田所在区域为龙南或新农村试验区。大田村由戈姓始祖戈明汉祖孙四人迁居至此经三百多年发展而成，从传统时期到近现代并直至今天，大田村由族而生、聚族而聚、因族而兴，在华南乡土之上书写了属于大田人自己的发展史。当然，近代以来尤其是中华人民共和国成立后，大田村也卷入了千年未有之变局当中，整个村庄在现代国家建构以及市场化、城镇化的影响下发生着质的变化。但是相对于全国其他地方的村庄而言，大田及其周边华南乡土之上的村庄更多的保持了传统宗族村庄的基质，甚至还较完整的保存有宗族型村庄的内核与基质。

大田村村民同宗同族，一脉相承，是一个戈氏单姓村落，也是一个客家宗族村落。宗族型村落自然有其独有的社会特质，这些社会特质也让它们在现代化的历史变迁中呈现出与其他村落不同的发展轨迹。早在1991年王沪宁先生就在其《当代中国村落家族文化》中指出，中国村落家族文化有血缘性、聚居性、等级性、礼俗性、农耕型、自治性、封闭性、稳定性等基质。这些基质当然是以传统的村落家族文化为蓝本的，如今社会发展已经在很大程度上波及了村落共同体，这些特质在不同的村落共同体中发生了不同程度的变化。① 当然，也可以说，宗族性社会的存在首先是基于共同的血脉，这是宗族性村落最为核心的特质。其次是共同血脉基础上的聚族而居，也是宗族性村落的重要特征。宗族性村落社会的形成与传承还需要紧张的外部环境，紧张的外部环境促进内部凝聚力；需要共有的集体产权，共有的集体产权奠定了经济根基。不难理解，25年后的今天，王沪宁先生所说这种变化更为明显，包括大田村在内的无数个中国村落在现代化的道路上不断地增强其社团性、流动性、平等性、法制性、工业性、交易性、开放性以及创新性，甚至现在每天会有一百个左右自然村在城镇化的进程中消逝，中国村落社会已经不是传统的村落社会，中国乡土文化也已经在发展中自我改变。当然，我们同时应该注意到的是，在全国尤其是华南地区的一些典型的村落家族共同体中，这些村落宗族社会的基质依然存在，虽然不同的基质的保留程度是非均衡的，但正是这些基质共同在党国体制以及市场经济中支撑起了一个个点缀在华南土地上独具特色的自然村落，让这些村落在现代化进程中绽放出新的时代光辉。大田村就是这些宗族性村落中的一个，宗族社会的基质浸染到了大田村每一个角落，反映在大田人的日常生活中，是大田村最本质的内在与最本真的底色。

---

① 王沪宁. 中国当代村落家族文化——对中国社会现代化的一项探索 [M]. 上海：上海人民出版社，1991：28.

第一节　宗族起源

大田村，原名大份田，是华南地区的一个较为典型又极为普通的宗族型村落。关于大田村的起源，要追溯到明朝末年。据大田村祠堂的碑文记载：

> 始祖戈明汉、儿子戈成邱、长孙戈以兴、次孙戈以宾子孙三代四人远源于千百年前从江西省吉安府太和县早禾司龙眼洞大明村迁徙广东各地繁衍于社会百姓之林。

又有村内流传下来的手抄本记载：

> 始祖从前远在江西省吉安府太和县早禾司龙眼洞大明村居住，历代兴发，人丁繁盛，难以聚处是以名泽仁里，或贤，或士，或星，或相，或商，或农，或负贩鱼盐，不知凡几矣。然我祖戈明汉同子成邱周流进来广东省广州府港江司吉河乡龙蟠堡大份田村立宅吉向居住，而祖婆原在江西省未情落来耳。

两份材料大致相符，可相互印证。当然，或许祠堂碑文撰写的时候本就参照了手抄材料的说法。但至少可以确认的是，这是大田戈氏族人普遍认可的说法，也是如今我们寻找戈氏族人渊源的最有力的资料。

碑文所载的"千百年前"显然不是一个准确的概念，这主要是由于大田戈氏始祖迁入年代已经久远，又没有文字记载流传下来，而且大田村在民国时期经历了几次巨变，祠堂也是几经重修，准确的迁入时间已经无法考证。从佛冈史料来看，整个佛冈县的居民是从明朝末年狩猎迁进开始，至今只不过短短几百年的历史，而且早期进入佛冈居住的主要是崔、黄、邓、刘、钟、曾等姓氏的居民，戈氏居民进入佛冈的时间则相对较晚。此外，如今大田村戈姓人家自戈明汉以下刚刚传至第17代，从中也可以大致推测出大田村至今大约有三四百年的历史。碑文中所记载的"江西省吉安府太和县早禾司"，大致就是如今的江西省吉安市泰和县的禾市镇。据《泰和县志》记载，自元朝至正年间（1341—1368年），太和县内就开始设置早禾市巡检司①，也就是碑文中的早禾司。直到道光十五年（1835年），早禾市巡检司才从禾市迁往马家洲②。但这期间，明朝洪武二年（1369年）二月，太和县改名为泰和县，隶属吉安府。③ 所以根据大田戈氏祖先的南迁佛冈的时间来看，碑文所记载的"太和县"更准确的表述应该是"泰和县"。碑文中的"龙眼洞大明村"从可查的文字资料上已经无从考证。此外，泰和县民国27年（1948年）的123个姓氏统计与1985年133个姓氏统计中已经均没有戈姓④，这也就给大田戈氏的寻根溯源工作带来了困难。但是，与泰和县同属吉安市管辖的新干县赣江东岸目前仍有戈姓族人约2000余人，是全国人数较多的戈氏集聚地之一，这也就进一步佐证了大田戈氏

---

① 泰和县地方志编纂委员会办公室. 泰和县志 [M]. 北京：中共中央党校出版社, 1993：9.
② 泰和县地方志编纂委员会办公室. 泰和县志 [M]. 北京：中共中央党校出版社, 1993：338.
③ 泰和县地方志编纂委员会办公室. 泰和县志 [M]. 北京：中共中央党校出版社, 1993：9.
④ 泰和县地方志编纂委员会办公室. 泰和县志 [M]. 北京：中共中央党校出版社, 1993：119.

祖先自江西吉安一带迁来的传说。

至于碑文所言"迁徙广东各地"也不甚准确，戈明汉祖孙四人墓地皆在大田及周边地区，为大田族人年年祭拜。戈氏族人在大田开枝散叶、繁衍生息，后来到民国年间，因为宗族械斗中整个村庄被烧的缘故，才有少部分后裔迁居清远其他地方居住。据《清远姓氏》记载：

> 清远戈氏现有445人，在市内姓氏人口排序中居第168位，84%以上的戈姓族人居于佛冈县，佛冈戈氏又主要集中于石角镇，其开基祖为戈明汉，明后期从江西吉安太和县迁来，定居于石角里水村，现已传到第17代，石角有其后裔364人。另清城、清新和英德的戈姓人亦都属其裔。[1]

从全国来看，戈姓在中华姓氏中只是一个小姓。根据国家语言文字工作委员会的调查统计，戈姓在当今中华姓氏人口排序中名列第364位。说到戈姓的起源，则有一段具有传奇色彩的历史。据记载，戈姓来源于古戈国。远在夏朝时，夏禹的后代之一被封于戈（据传在今河南杞县一带）。后来，夏朝王位一度被有穷氏后羿之子寒促篡夺，寒促将戈地改封给自己的少子。于是，出自夏禹后代的戈国贵族为了纪念故国，遂以国名"戈"为姓。再后来，寒促的后代也丧失了封地，亦以"戈"为姓。就这样，从一个古老的戈国里，先后产生了两支不同血统的戈姓。[2] 由此看来，今日全国范围内的戈姓人口，从根源上不是同一血脉，甚至祖先还是水火不相容的两派势力。大田戈氏属于哪一血脉的

---

[1] 清远市史志办公室. 清远姓氏 [M]. 广州：广东人民出版社，2013：539.
[2] 清远市史志办公室. 清远姓氏 [M]. 广州：广东人民出版社，2013：538.

后裔已经无从考证，但从整个清远来看，所有戈氏都是同根同源，都是明汉公的子孙后代。

第二节 宗族南迁

在大田村，代代流传着的是世代口授相传下来的极富传奇色彩的宗族迁移史。相传，戈明汉祖孙四人是以耍猴为生的江湖手艺人，当年从江西老家一路南下，以耍猴营生。在返回江西的路途中，行至大田村一带的时候，他们赖以为生的猴子死掉了，祖孙四人也就失去了营生的手段，无法继续北返，只能想办法留下来。当时大田村周围还是一片开阔的荒芜地，尚未得到开发，周围的居民也还比较少。在大田村后面现在陂角自然村的位置住的是几十户麦姓人家，左前方住的则是付姓人家，也就是现在的瓦田寮村民小组。当时麦姓人家中有一对老年夫妇没有子嗣，就收留了暂时没有住处的戈明汉四人，并让他们在前面这片平坦开阔的土地上开荒种田，直至戈明汉祖孙四人在旁边搭建茅草屋居住。当然，戈明汉祖孙后来感激麦氏人家的收留之恩，为麦氏夫妇养老送终。自此之后，大田戈氏就开始在大田的土地上重新开枝散叶、繁衍生息。

村里也还流传着其他版本的家族起源史，有说戈明汉祖孙四人是以做皮鞋为生的江湖手艺人，到了此地，所学手艺没有了市场，又刚巧看上了这里大片的平坦地，所以决定定居下来，开荒种田，繁衍生息。但考虑到中国现代皮鞋自西方传入，才只有120年的历史，此种说法难以取信。也有人说戈明汉祖孙四人是从江西下来的赶鸭人，他们从江西赶着小鸭子沿水系南下，用几个月的时间边放养鸭子边赶路，等到达广东，鸭子也正好长大长肥，刚好可以出售。据村里人回忆，直至20世纪六七十年代，的确都一直存在这样的江西赶鸭人。但戈氏始祖是赶鸭人这一说法还是遭到绝大多数村民的否认。相对而言，耍猴人的说法在大田及周边村民中间流传更广，认同度更高。

戈明汉祖孙四人定居下来之后，勤于开垦，善于耕作，在大田四周布满荆棘的荒地上辛勤劳动，生活逐步有了起色，两个孙子也就先后娶妻生子，繁衍后代。据传，戈明汉祖孙四人刚迁来大田时，太祖戈明汉已经60多岁，戈成邱也已经40有余，两个人来此之后并未再娶妻生子。因此，大田村村民如今清明节拜山有太公却无太婆。戈明汉的两个孙子戈以兴、戈以宾则先后娶妻生子，整个大田村也自此形成了两大房，并在历史的演进中不断地分房分支。当然，在之后的几百年中，两房人家的繁衍生息并不均衡。时至今日，四百多的大田戈姓后裔之中，戈以兴后裔大约有一百多人，戈以宾后裔多达三百多人。

显然，大田村也属于是华南客家村落，大田始祖南迁时间和南迁轨迹与其他客家基本相似，大田人直到现在也多是讲客家话，村中美食带有客家风情。但是大田始祖从江西省吉安府泰和县南迁至此又与其他客家稍有不同，不是目标明确的主动南迁，而是无法北返后的无奈选择。今天的大田人也不再喜欢被称为客家人，他们认为已经在此生活了几百年，早已经不是客居在此，他们是这片土地上的主人，这里也已经是他们的家。

第三节 宗族繁衍

大田村是一个典型的华南单姓宗族村落。大田人自太公戈明汉与二世公戈成邱以下，同宗同族，一脉相承，大田乃至整个清远境内的戈氏人都是两位先祖的后人。宗族社会自古至今都是大田村的村庄底色，宗族社会的特质浸染在大田社会的方方面面。当然，追根溯源，宗族传统之所以能很好地传承从根本上说也是由传统时期华南地区特殊的环境决定的。

华南地区自古气候湿润、雨量充足，作物一年三熟，田野四季常青，十分适合农业耕作。华南地区又一直远离中原，属南蛮荒芜之地，地广人稀，生产落后，文化不兴，自古也是犯官贬居之地。华南地区的居民大多都是南下的客家人，客家人或为避战乱，或为谋生计，背井离乡，一路南下，其中艰辛，不必多言。正是这种艰辛，逐步形成了内聚力极强的宗族文化。到了华南，既要与天抗争，在水灾、旱灾、风灾中开荒种田；又要与地相斗，在蛇患、鼠患、虎患之地谋生存；还要与人夺利，在兵荒、盗匪、械斗的夹缝中求生存。越是艰难的生存环境，越是容易铸就内聚力与向心力较强的宗族社会。同宗同族凝聚在一起为的只是求生存，外部的生存危机越大，内部的凝聚力越强。

相对于相邻而居的刘、黄、郑、麦等家族，大田戈氏是较晚迁居佛冈龙南的宗族。但很长一段时间，大田所在的区域仍旧是地广人稀。据《佛冈厅志》记载，嘉庆十八年（1813年）十一月，奉准部咨报可，乃设治焉。而设立佛冈厅的时候,"割清远吉河一乡,为户一千三百九十有一,大小男丁一万二千三百四十六,女口七千二百零九"①。而此时的吉河乡,却是统十三堡,二百六十三个村,大份田便是这二百六十三个村中的一个。由此可见,当时的佛冈,地广人稀,这也是戈明汉祖孙四人乃至其他客家人到此能够定居的重要原因。但这也意味着祖孙四人要在荒芜之地开荒种田,其中艰辛不言而喻。而另据记载,佛冈历史多水患,龙南历史多虎患、蛇害,这也增加了戈氏一族在龙南生活的艰辛程度。与天灾相比,人祸更是防不胜防,尤其是明清以来的兵荒、盗匪与宗族械斗更是让各家族不得不将自卫放到重要位置。如据《佛冈县志》记载:

> 道光三十年十月,邱东培率众数百占据潖江一带,清远知事马映阶和守备罗璋前往弹压,追至汤塘大浦田,遭到邱培东等的原先埋伏,剿办失利。马映阶求救于两岳(上下岳)乡绅,率乡民200多人分两路夹攻,邱败退。②

由此可以看出,当初的华南社会盗匪之强已经不是官府可以轻易弹压的了。也正是政府的无力,乡绅望族才不得不训练家丁,生逢乱世而求自保。刘、黄两姓的大械斗更是导致大田村遭受被焚毁的命运。明清以来直至民国时期的华南乡村社会,与其说是一个皇权统治下的乐土,还不如说是一个乡土版的战国时代。当然,对于大田这样一个小宗族而言,他们没有实力养护家丁,而只能在乱局中抱团以求生存。

---

① 《佛冈厅志》(原文—译注对照本).
② 佛冈县地方志编纂委员会. 佛冈县志[M]. 北京:中华书局,2003:23.

17

戈明汉祖孙四人在大田定居之后，便开垦种田、繁衍生息。但当时孩子的存活率较低，世代繁衍是较慢的，直到清朝末年，大田才开始形成一个较小的宗族社会，整个宗族内部开始自运作。传统时期的戈氏宗族，对外合纵以自保，对内互恤以自存。作为一个小宗族，大田很少与其他宗族斗争，而多是委曲求全以自保，但是在那个械斗横行的时代，没有人能够避世自保，这也是大田村最终在宗族械斗中被焚烧的根本原因。当然，传统时期也并不是一个只有刀戈的时代，大田的对外交往也不只是自卫与自保。在皇权不下县的时代，乡村社会的很多事务都需要彼此的内部协调与合作，乡村社会也因此形成了一整套的社会自运行机制。如修路、护路时的路会，就是由乡绅带头出资将同行一条路的几个村的村民聚在一起，商讨维修道路的方式，筹集维修道路的资金。又如寺院的维护，也是共进香火的村民在士绅的主持下捐地、捐资，保障其香火不断。大田所在区域在传统时期变因水、因路、因信仰等而产生了宗族之间抑或说村落之间的合作与自治。

传统时期的大田村落内部，更是一个凝聚力与向心力极强的宗族社会。宗族社会的形成，首先是基于共同的血缘。大家同宗同族，本就是一家人，"天下再大，写不出第二个'戈'字"。共同的戈氏血脉、共同的祖宗信仰、共同的家族文化将整个宗族勾连到了一起，成为宗族内部最基本、最稳定、最恒久的连接机制。其次，宗族社会的形成主要还是基于共同的利益，在各种天灾人祸横行的传统社会，戈姓族人甚至会面临最基本的生存危机，只有协作才能更好地生存、生活。外部的生存危机强化了宗族共同体的内部凝聚力与向心力。当然，大田宗族社会的维系，也是建立在一系列微观的社会机制的基础之上。其中的一个重要机制就是村庄公田、公山的存在。村庄公田所得主要用于宗族内部公共事务，诸如道路的修缮、祠堂的维护等公共开支皆从此出。公山的收入则主要用于清明拜山，在清明拜山的过程中，村民会用公款购买祭祀时所用的纸钱、香烛、生猪等祭祀用品。清明节拜山之后村民分猪肉也成为很多老人最美好的童年记忆。大田村公山、公田的存在就为村庄以及宗族内部的社会事务提供了一定的经济基础，让公共事务得以解决，公共秩序得以维护。这一传统在后来的不同时期都以不同的形式沿袭了下来。如改革开放后的自留地、新农村建设中的公益金等。

当然，宗族社会内部从来就不只是温情脉脉，更不是民主自治的乐园。随着社会分化的加剧，村中各房各支乃至各家在公共事务的话语权上也出现了差别。尤其是到了民国时期，乡村社会劣绅化，大田大族也开始购置武器，而拥有枪支的大族开始以强权控制宗族、操控村政。民国15年，在刘、黄大械斗的过程中，原本大田戈氏一直是从上也就是与黄氏结盟的，但因刘氏家族买通大田大族，大族又以"谁不从就用枪打死谁"相逼，最终除了少数人投亲到了石联之外，大多数大田人投靠刘氏宗族，最终导致了大田被心有怨气的黄氏宗族火烧灭村，大田人用了三四十年才重新聚拢，恢复元气。

纵观大田传统宗族社会，是在皇权不达、官权不振的华南社会同一家族为了生存的需要而凝聚成的生产生活共同体。在这一共同体内，有着约定俗成、共同遵守的乡村民约，有着或有公益之心、或有因公谋私之心的乡绅主持大局。大田宗族社会为大田人提供了一个栖息之所，也是大田人内心最深处的根之所在。大田是大田人得以安居乐业的家，大田也是戈氏人得以心灵寄托的家。在大田人的心里，大田有他们的祠堂，那就是他们永远的根。这也就是大械斗之后本已四散而去的村民几十年内先后回迁的原因，这也就是如今很多走出大田的人又回乡盖房、落叶归根的原因所在。

大田戈氏宗族自戈明汉以下已经传至第十七世，十七世繁衍生息的年代又刚巧恰逢中国近代百年前所未有的大变局。几百年的坎坷历史更是一部血泪史，尤其是清末民初，大田屡遭变故，命运多舛。但幸运的是，大田戈氏巨变之后还是再次集聚，勤劳苦干，最终成就了今日的大田村之辉煌。

大田自明汉公以下十七世，因无家谱，已无法全貌呈现，加之年岁已久，虽各房各支祖上的坟墓仍在，但很多先人的姓名、生平等资料已经难以考证，由此，很多房支已经很难将整个家族族谱全部续上。但在大田村的部分房支，还是有很多有心人流传下来了本房本支的家族流水簿，本文选取两个在大田具有代表性的家族的流水簿进行对比，即可大致将整个村庄宗族发展的大致脉络理清。

戈国星房支流水簿

一世祖：

　　明汉公，长子成邱。

二世祖：

　　成邱公，长子以兴，次子以宾。

三世祖：

　　以兴公，生子志学。

四世祖：

　　志学公（妻李氏），生子鸾百，鸾胜，鸾息。

五世祖：

鸾胜公（妻周氏），长子正瑞，次子朝瑞，三子巧瑞。

六世祖：

朝瑞公（妻温氏），生子锡荣。

七世祖：

锡荣公（妻不详），生子文发。

八世祖：

文发公（妻陈氏），长子选光，次子选莹，三子选昭，四子选进，五子选球。

九世祖：

选球公（妻陈氏），长子举端，次子举正，三子举惠，四子举超。

十世祖：

举超公（妻华氏），长子经荣，次子经清，三子经培，四子经新，五子经均，六子经秀。

十一世祖：

经秀公（妻刘氏），长子邦珍，次子林清。

十二世祖：

邦珍公（妻刘氏），长子戈德初，次子戈德辉，三子戈德木，四子戈德全，五子戈德林，六子戈德灶，七子戈德耀，长女戈德莲，次女戈德招，三女戈德女。

十三世：

××公（妻李氏），长子戈××，次子戈国星，长女戈××，次女戈××。

十四世：

　　国星公（妻陈氏），长子戈××，次子戈××。

戈武福房支流水簿

一世祖：

　　明汉公，长子成邱。

二世祖：

　　成邱公，长子以兴，次子以宾。

三世祖：

　　以兴公，生子志学。

四世祖：

　　志学公（妻李氏），生子鸾百，鸾胜，鸾息。

五世祖：

　　鸾胜公（妻周氏），长子正瑞，次子朝瑞，三子巧瑞。

六世祖：

　　正瑞公（妻温氏），长子锡眉，次子锡汉，三子锡洪。

七世祖：

　　锡汉公（妻不详），长子文任，次子文质。

八世祖：

　　文质公（妻不详），生子上选。

九世祖：

上选公（妻不详），生子举英。

十世祖：

举英公（妻付氏），长子经东，次子经朝，三子经时。

十一世祖：

经朝公（妻不详），长子帮培，次子帮园，三子帮荣。

十二世祖：

帮培公（妻陈氏），生子德巧。

十三世祖：

德巧公（妻不详），长子戈绍炳，次子戈绍镜，三子戈绍堂，四子戈绍新，五子戈绍咸，六子戈绍明。

十四世：

戈××（妻不详），长子戈××，次子戈××，三子戈××。

十五世：

戈武福（妻戈氏），生子戈××。

十六世：

戈××（妻梁氏），生子戈××。

从这两份家族流水簿中可以看出，他们都是戈明汉次孙戈以兴的后人。而当前发展兴盛的也正是以兴公这一脉。大田村内现有的290人，除了戈北燕、戈绍否、戈林松、戈木林、戈伟国、戈绍焕、戈绍志等及其家族76人之外，其他皆为以兴公的后裔。以兴公后人也是在发展中不断分支、分房，戈国星家族与戈武福家族就是在第六世时分房的，而在经过十多世的发展之后，两个家族在房支人口、房支辈分等方面已经拉开了差距。截止到现在，戈国星家族已经传至十五世，戈武福家族却已经传至十七世。两个家族，一个是在十世祖时达到鼎盛，形成了至今后人还传诵的四大家族；另一个则是当前大田最为繁盛的家族。

当然，从两份流水簿中也可以看出，家族的传承在传统时期极为不易。两个家族除了在三世祖知事以兴公生子志学之外，戈国星一脉，六世祖朝瑞公生子锡荣，七世祖锡荣生子文发，连续两代单传；戈武福一脉，八世祖文质公生子上选，九世祖上选公生子举英，亦是连续两代单传。整个家族传承，可以说都曾险象环生，稍不留神即有可能与其他家族一样在历史中消逝。从这两家的家族传承中也可以看出，一个家族的最终兴盛，并不需要代代子孙满堂，但需要关键节点上开枝散叶。戈国星一脉八世祖文发公生五子，十世祖举超公再生六子，从而整个大家族极为兴盛。文发公之后人如今在村里形成了他们引以为傲的四大族，在村里人数达到130多人。戈武福的祖父德巧公则生有六子，虽其中有两人未曾留后，但现在村里德巧公之后有60余人，亦是小支之中发展最好的。两家的家族流水簿既隐藏着家族传承的秘密，又都是一部家庭发展的曲折史、苦难史。

大田戈氏十七世、几百年的传承充满了坎坷，尤其是民国15年（1926年）的劫难，让大田戈氏经历浩劫。在民国15年的浩劫中，戈氏族人全部有亲投亲，有友拜友，到周边村庄或乡镇避难。浩劫之后，迁居各地的戈氏族人前后回迁。当然，这一回迁过程历时三四十年，且部分族人自此之后并没有迁回，而是散落在了清远周边，繁衍生息。其中，戈伟国一脉有人迁居英德未回，戈新金一脉有人迁居龙塘未回。最为传奇还是戈焕新家族，戈焕新（1940年）现年80岁，祖父因民国15年的械斗与家人一起迁居石联投奔亲戚。后祖父生有三子，中华人民共和国成立前,为能赚到钱后重新迁回大田,祖父让戈焕新父亲和二叔下南洋。当时戈焕新与哥哥已经出世,而其叔叔与童养媳尚未圆房。两兄弟下南洋后一直没有音信,也没有寄钱回来。时过境迁,长大成人后的戈焕新与大哥后来实在不愿作为小家户在石联生活,就请示大田生产队,迁回了大田。而戈焕新三叔却留在了石联,现石联的两户戈姓人家便是他二叔家的孩子。与此同时,当初跟他们一起搬迁到石联的几户人家后来迁到了清新区,如今也已发展到了一百多人。话说中华人民共和国成立后的1966年,戈焕新的父亲回家探亲,并在家里住了一个多月。原来其父亲已经在吉隆坡再婚,又生三男两女。戈焕新的叔叔也在那边成家并子孙满堂。大田村戈氏一族"下南洋"谋生的还不止这兄弟二人,戈庙强的爷爷在他们父亲出世之后也下了南洋,但是一去就没有了音信。戈焕新的父亲在家住了一个月后再次回到吉隆坡,再也没有回来。

大田戈氏迁移脉络基本如此。如今除了在大田居住的村民外,在石联尚有两户人家,龙塘也有两户,英德有几户人家,清远则有百人多,这样的戈氏族人分布与《清远姓氏》中关于戈姓人分布的描述高度契合,也就印证了清远戈氏皆出于大田的历史事实。当然,《清远姓氏》不可能涉及的就是在南洋吉隆坡的两户人家。戈焕新介绍,父亲在吉隆坡的后代依旧姓戈,但因为家里人无人精通英语,所以跟对方已经没有音信往来。前些年陂角有人去南洋探亲,侄子戈绍顺还委托他们去探访亲人。去者找到了戈焕新兄弟的橡胶园并与其合影,带回来给了戈焕新一家,两边才算又知晓了彼此的消息。

第四节 宗族村落形成

大田村戈氏宗族数百年来之所以能形成牢固的连接机制，内在主要是基于血缘关系形成的宗族社会共同体，外在则是宗族聚居所形成的自然村落共同体。大田戈氏在此定居之后，大田村逐步发展成为具有内在凝聚力的自然村落，大田的这片土地承载起了大田人的生产与生活，大田人也逐步地形成了一个生产生活的社会共同体——大田村。

大田村的村名，原为大份田，直至近年来为了称呼的便利才改称为大田。关于大份田的记载，最早见于道光二十二年（1842年）的《佛冈厅志》，"治西二十四里至四十五里为龙蟠堡，领大小村二十有一。曰大枧村、曰黄泥坑、……曰大份田、……曰瓦田寮、……。"① 由此可见，道光年间，大份田、瓦田寮便已经是今日的称呼。如今，在百度地图上大田村依旧被标注为"大份田"。至于大份田这一村名的来源，一种说法是说因为大田位于在周边范围内难得的一整块面积达数千亩的平坦开阔地之上，故名大份田；另一种说法则是说大田太公戈明汉十分勤劳，带领子孙日夜开垦出了很多块土地，其中一块有四亩之大，这在当时是难得一见的整块水田，所以周围人就称为大份田，后来也就沿袭为村名。总之，正如戈氏宗祠中的碑文所言，"此大田村又名大份田，先祖均能维系宗业，不汲汲于富贵，不戚戚于贫贱，为繁荣宗业，振兴

---

① 《佛冈厅志》（原文—译注对照本）.

中华而长效不懈"。

大田这片土地自戈明汉祖孙四人在此定居以来就不仅是在物质层面上成为大田人的根基，而且逐步内化为精神层面的依托。大田戈氏族人对大田这片土地形成了强烈的乡土认同，聚族而居，数百年间谱写了可歌可泣的家族发展史。尤其是在民国元年（1912年）与民国15年的"刘、黄两姓大械斗"中，戈氏族人的那种宗族凝聚力得到了真实而完美的呈现。在民国15年的械斗中，大田村全村被焚烧，在物质层面上被灭村。但是在之后的三五十多年中，大田人坚韧不拔、全力回迁，以一个村落浴火重生的真实故事谱写了宗族村落聚族而居的不朽传奇。

佛冈境内的刘、黄两姓械斗早有渊源，早在光绪十三年（1887年），刘、黄两姓就因祖坟酿成械斗。① 民国时期的刘、黄械斗则主要是由于争夺石角圩的生意利益而起，最终酿成波及了整个佛冈县的一次宗族大械斗。动乱中，一些小姓村庄被人劫掠的事情时有耳闻。② 据《佛冈县志》记载，民国15年9月，科旺村刘姓与作为黄、曾一派的吉田村朱姓械斗，双方损失惨重，吉田村尤甚。县政府向省府请兵弹压，省府派陆军连长何房彬前来佛冈驻守。③ 不难看出，当时的刘、黄两姓械斗已经超出县政府管控能力，这其实也是明清以来华南地区的一种较为普遍的状况。一直以来，也正是国家正式权力在弹压宗族械斗问题上的无力，让华南自然村落不得不逐渐加强村庄的自卫。自卫能力加强过程中的乡村武装化反过来进一步刺激了宗族械斗，从而在整个乡村社会

---

① 佛冈县地方志编纂委员会. 佛冈县志［M］. 北京：中华书局，2003：26.
② 《佛冈文史漫话》.
③ 佛冈县地方志编纂委员会. 佛冈县志［M］. 北京：中华书局，2003：29.

形成了恶性循环。反映这一时期宗族加强自卫能力的一个重要方面就是习武行为的盛行。大田武术作为龙南武术的分支正是发端于这一时期。戈帮利（清末民初人）是大田戈氏的第十二世，师从龙南石联郑开太学武术，勤学苦练，能将扁担、木棍、锄头、铁钯、长板凳等农家用具以及"雪花盖顶"双刀为器械，练得一身好武艺，深得师傅郑开太赏识并收为高徒。学成回村后组织村民学武术，强身健体。同时，将武术与客家鸡公狮结合一起，使武术与舞狮作为庆节表演的村民习俗活动。但遗憾的是，强身健体的大田武术却没有发挥出其制止战斗、维护和平的能力，终究未能在乱世之中保大田于万全。

刘、黄两姓的宗族械斗也影响了远离县城的大田村，而且大田村最终在整场械斗中被火烧灭村。当然，大田村之所以损失如此之大，也在于当时大田村刚巧在龙南刘、黄两姓械斗的前沿阵地上。当时的刘姓势力主要是在今日的龙塘、小梅一带，黄姓势力则主要分布在小潭、石铺，大田、芦洞、咸水形成的半环线恰巧就是刘、黄两姓势力范围的分界线，三个村是黄姓势力范围的前沿阵地，自然也就成了双方械斗的火线。大田村在那个械斗硝烟四起的时代就如同春秋战国时期夹杂在大国之间的小国，无论是合纵还是连横，都时刻面临着覆亡之灾。

当时的大田村的确也是在连纵与合横中进行了不断的选择，选择的失误最终让他们面临了覆亡之灾。据说，在刘、黄械斗过程中，刘、黄两家作为有权有势的大宗族，总是会以钱财收买周边小村落里的士绅，再由他们出面强迫普通村民参与到械斗之中，而小族小姓为求平安也不得不依附于强族大姓。在两次的械斗中，大田村都刚巧是在械斗双方的势力分界线上，但却做出了截然相反的选择。在民国元年的刘、黄械斗中，大田村依附于黄姓势力，并因此而保全了村庄。而在民国15年的宗族械斗中，黄姓势力本想倾几个村的力量在芦洞、大田、咸水三个村修筑炮楼与城墙等防御工事，打造固若金汤的防线。但大田村内士绅却为刘姓收买，大田人被逼着投靠刘姓势力。"他们家里是有枪的，说是谁不从就打死谁，那村里哪里还有人敢不听他们的。"刚60多岁的戈德甲的转述显然也来自先人转述。但他的这段话也还是体现出了当时的大田宗族内部也不只是温情脉脉，更有强权的裹挟。大田人被迫做出的选择竟引起了黄姓势力的愤恨，他们在械斗过程中火烧大田村，将大田人数百年基业化为灰烬。甚至在火烧之后连房子上的石条等重要建筑材料也被附近的里冈人抬走，大田作为一个村落化为了灰烬。

在这次械斗引发的浩劫中，最苦的还是大田的普通村民。械斗的决策并不由他们决定，而械斗的苦果却要他们品尝。在火烧大田之前，除了村中少数因姻亲关系而在早些时候投靠黄姓的村民之外，大多村民都是匆匆到周边村庄甚至其他乡镇避难，有亲投亲，有友靠友。火烧大田让大田人几代人辛苦积攒下来的家业毁于一旦。"破家值万贯"，农家虽无什么值钱的家什，但都是生活的必需品。械斗后的大田村民，一切又要从头开始了。而且他们背井离乡的岁月里，都是借住在亲朋那里，作为村子里的小族小姓，单门独户，自然也是受排挤的。现年80岁的戈焕新就是在祖父一辈迁到了石联村的石脚下，终究还是因为在那里受当地人排挤而于1969年迁回到大田。1926年因此也成为大田村史中的一个重要年份，这一年，物理意义上的大田村落因一场大火而化为灰烬，而生命意义上的大田村却并未从此消逝。大田村由此经历了一次浴火重生，也正是这次浴火重生，显示出了戈氏宗族强大的聚族而居的凝聚力与向心力。

民国22年（1933）以后，佛冈姓氏械斗的火药味逐渐消散，封建姓氏间的敌意也逐渐消除。① 在此期间，大田村民也开始从周边村落回迁。刚开始，回迁的村民大多是用稻草和泥巴糊成墙体做成茅草房，后来才逐步改建成泥砖瓦房。直到20世纪50年代前，大田村内的民居仍非常简陋，大部分还是茅草房，只有少数砖瓦房。大田村民回迁重建大田，直到20世纪60年代才暂告一段落。上文所提的戈焕新两兄弟就是最后回迁到大田的村民，而他们的父亲与叔叔当年也是为了其祖父"赚钱回大田盖房"的愿望而"下南洋"谋生，并最终在南洋落地生根，形成了大田戈氏的海外支脉。当然，也有部分戈氏族人自此之后并未迁回大田。截止到目前，仍旧有戈氏族人居住在相近的石铺村、龙塘村以及清城、清新、英德等地，这些地方的戈氏后裔均是大械斗时迁出大田村的。不管如何，绝大多数族人迁回大田、重建大田村，这已经是充分地显示了大田戈氏聚族而居的内在强大动力。更为重要的是，这次浴火重生后的回迁并不是简单的回迁，而是在时代大变迁背景下的全面重建，这次重建不仅深刻地改变了大田村，而且为半个世纪之后大田的跨越式发展奠定了良好的基础。

第五节　宗族村落建制

大田所在的佛冈县历史上较为偏僻，一直未独立建制，清朝时归清

---

① 《佛冈文史漫话》.

远县或英德县管辖。雍正四年（1726年），广东巡抚以观音山界连广韶，匪徒啸聚出没其间，清远、英德二县管理不到，请求以吉河乡大埔坪为县城划拨地方立县。但部议设县经费开支庞大，只准允添设同知驻防弹压。① 雍正九年（1731年），在吉河乡大埔坪设捕盗同知一员，辖清远、英德、从化、花县、广宁、长宁六县捕务，并移左营田汛总千总一员同驻。② 嘉庆十八年（1813年），划出清远吉河乡、英德六乡（高台乡、白石乡、独石乡、迳头乡、虎山乡、观音乡）设佛冈直隶军民厅，直隶于广东布政使司，设厅同知。③ 大田村当时还是沿袭旧称大份田，属于是吉河乡龙蟠堡的22个自然村之一。当时的龙蟠堡大致就是今日龙塘村一带。同治年间，大份田从龙蟠堡划到龙潭堡，从此就基本属于今日的里水村。

民国3年（1914年），佛冈改厅设县，同时设置第一区、第二区，在两区分设警察机关，维持治安，大份田归第一区管辖。民国10年（1921年），陈炯明推行地方志，佛冈设县议会办理选举，民选烟岭人李应周为县长。1934—1936年，佛冈县划分为5个区，大田归第二区管辖。民国30年（1941年），增设龙潭乡，大份田归龙潭乡管辖，一直到中华人民共和国成立后。民国实行保甲制度，龙潭乡当时辖7保、74甲、1074户。④ 民国期间，国家已经开始了行政下乡的国家建构努力，希望将整个乡土社会纳入行政管理之中。但是这一努力的效果并不理想，对乡村社会没有形成实质性的影响。大田村周边的环境并没有产

---

① 佛冈县地方志编纂委员会.佛冈县志［M］.北京：中华书局，2003：20.
② 佛冈县地方志编纂委员会.佛冈县志［M］.北京：中华书局，2003：20.
③ 佛冈县地方志编纂委员会.佛冈县志［M］.北京：中华书局，2003：21.
④ 佛冈县地方志编纂委员会.佛冈县志［M］.北京：中华书局，2003：28-30.

生实质性的转变，大田历史上的两次浩劫也都是发生在民国，一次是在民国元年，一次是在民国15年，乡村社会基本还是那片自治的乡土。

从民国36年（1947）的《龙潭乡本籍国民身份证清册》中可以看出，当时龙潭乡的戈氏族人主要分布在龙潭乡的第二甲的第四、第五保之中，全村共有25户。当然，1947年的大田还是一个族人陆续回迁的大田，像如今的戈北燕等家族都是中华人民共和国成立后才迁回大田村的。

第六节 宗族村落变迁

中华人民共和国成立后，大田所在区域的行政区划变动频繁。1949年10月14日，佛冈县人民政府成立，全县划分为2个区，下辖9个乡、1个镇，大田属于第一区的龙潭乡，乡政府所在地就在三八圩，也就是今天的里水小学附近。1950年4月，一区划分为一、二两区，原来的二区改为三区，同时撤销9个乡，改设45个村，大田属于第一区的里冈村。里冈村当时由咸水、炉洞、里冈、福头、龙背、坟窝、马路口、陂角、大份田、瓦田寮、黄泥坑、石山脚、石联坝等13个村组成，村下面又成立村民小组。1951年3月，撤销45个行政村，设立22个乡和1个镇，大田属于第一区的龙潭乡。同年五月，为了便于开展清匪反霸、退租、退押运动，又把全县划分为38个乡和1个镇，龙潭乡划分为里水乡与小潭乡，大田村属于第一区的里冈乡。1952年10月30日，里冈乡选举农民协会、乡政委员会，大田村民戈东水当选农民协会副主席。1956年撤区并乡，小潭乡、里水乡、龙南乡合并为新的龙潭乡，戈东水任乡长。1957年3月，全县再次将22个乡合并为10个乡，小梅乡与龙潭乡合并，大田村仍归属龙潭乡管辖。① 由此可见，在中华人民共和国成立到人民公社成立的8年中，行政机关在不断的调整，县政府以下成立乡政府，行政机关甚至建立到了现在的里冈村的层面，甚至里水村之下成立村民小组，行政的力量已经开始渗透到了最基层社会。

就在行政机关在不断的调整的同时，政党建设也在不断加强，基层党组织的数量不断增加。1949年10月，全县党委以下只有两个区建立了中心党支部，1950年则是在3个区设立区工委。但从1951年开始，我党在基层开始发展设立党支部，其中，农村党支部的数量是3个。这个数据不断上升，在1953年的时候，农村党支部达到13个，1956年则迅速增长到了94个。② 至此，农村党支部基本已经到达如今的行政村层面，党的基层组织下沉到了乡村社会。大田村戈东水1953年入党，成为大田村第一个党员。之后，大田也成立了自己的党小组，党组织实现了进村入组。

人民公社体制是20世纪我国十分重要的一种农村管理体制，也深刻地影响了整个农村社会的变革。1958年10月，佛冈县并入从化县，取消佛冈县建制，佛冈境内成立佛冈、迳头、潖江3个人民公社，人民公社以下设营、连、排。1958年12月又改为管理区、生产大队、生产小队。大田村属于里水大队，大田内部分为两个队，即大田一队、大田

---

① 佛冈县地方志编纂委员会. 佛冈县志 [M]. 北京：中华书局，2003：101-103.
② 中国共产党佛冈县历史编委会. 中国共产党佛冈县历史（第二卷）（1949—1978）[M]. 北京：中共党史出版社，2011：6.

二队，瓦田寮村民分别划入了大田一队与大田二队。生产队设队长、副队长、保管员、会计员、出纳员与计分员。1969年，大田一队、二队合并成为大田生产队。

1983年12月，佛冈县撤销公社体制，改设12个区公所和一个区级镇，并以生产大队为单位建立了110个乡和3个乡级镇。龙南区公所辖小潭、石联、铺岭、里水、龙塘、小坑、汶坑、山湖8个乡，大田归属里水乡，瓦田寮分出成立单独的村。从当时的行政划分中可以看出，当时的乡就是之前的生产大队的范围，也就是后来的建制村的范围。1987年，根据广东省委和省人民政府《关于撤区建乡镇完善农村基层政权建设的通知》精神，佛冈撤销110个乡和3个乡级镇，改设为村民委员会，12个区公所和1个镇改为6乡6镇建制，大田属于龙南乡里水建制村。1998年，《中华人民共和国村民委员会组织法》正式实施，同年11月，佛冈再次启动村民自治，将管理区改为建制村，里水管理区改为里水村，设里水村委会，下设17个村民小组。大田属于龙南镇里水村大田村民小组。2004年5月，佛冈县11个乡镇撤并为6个镇，龙南镇并入石角镇，大田成为石角镇里水村下辖的一个自然村、村民小组。

2014年，清远市推进村民自治重心下移改革，将村委会下移到村民小组和自然村一级，大田村与相邻的瓦田寮共同组成了新的大田村委会，成立了党支部、村委会。大田历史开启了新篇章。

第七节　宗族村落现状

传统时期的大田村有族界而无村界，戈氏族人与外人之间有着明显而严苛的边界。但土地的私人所有与自由买卖使得村与村之间并没有固定的边界。但是中华人民共和国成立后尤其是人民公社时期开始，土地产权固化到了生产小队以及后来的村民小组一级，大田村也就形成了自己固定的边界，整个大田村也越来越开始成为一个相对稳定的生产与生活共同体。中间又经历了管理体制上的几次变革。直到2014年3月，在新一轮农村综合改革中，大田自然村与相近的瓦田寮村民小组组成了新的自治单元，也称为大田村。但其实，不管是中华人民共和国成立后的多次体制变迁，还是当前的自治制度之下，大田这个千百年来形成的自然村一直就是一个单独的治理单元与行动单位，即便是与瓦田寮组成新的自治单元之后，大田村的新农村建设等依旧未将瓦田寮纳入其中。本文所研究的大田村也正是自然村意义上的大田村、戈氏族人组成的大田村。

2015年的大田村，共有82户人家，合计290人，水田面积250亩，山地550亩。从周边自然村普遍状态来看，大田村是一个较小的自然村，村内资源较少，村庄经济发展潜力有限。但从村庄户数与人口来看，中华人民共和国成立70多年来大田已经有了一个长足的发展。当然，此处所说的82户、290人不包括外迁人口，而只是对当前大田村常住人口的一个统计。如果从整个戈氏族人的角度来看，加上迁居外地的戈姓人，现在已经发展到了400多人。

大田村是一个处在现代化进程中的自然村落，村庄所在的佛冈县紧邻珠三角，所以从20世纪80年代以来就受到了市场经济浪潮的较大冲击，市场化、社会化程度不断加深。2013年开始，大田村又遇上了百年难得的发展契机，成为新农村试验区乃至整个佛冈县的新农村试点村。在接近两年的新农村建设试验中，大田村不仅在硬件设施建设方面有了长足的发展，而且进行了农村产权制度、农业经营方式、农村信用借贷、村民自治下移等一系列的重构基层社会的改革，大田人也在改革中得到了又一次的现代化洗礼。但是另一方面，也必须注意到的是，现代化进程中的大田村还是有着宗族型村庄对于传统习俗以及传统理念的坚守，尤其是理念的转变还是十分缓慢的。当然，传统的未必就是陈旧的，传统中也有值得借鉴的金科玉律。而且，大田这一华南宗族型村庄的整个形态与实态也向我们展示出，我们今日所争议的传统或许只是中华人民共和国成立后几十年的传统，而非1949年之前的传统。如果真正回到1949年之前的传统乡土社会，那时候的产权制度、经营形式、社会组织、农村借贷以及社会治理等方面的水平或许也是令人惊叹的。

总之，大田是处于现代化进程之中的大田，大田是需要到传统中去汲取营养、从现代中去寻求方向的大田。从大田村反映出的情况也可以看到，当下的宗族型村庄或许正在式微，又或许还会复兴，但是不管怎样，它是跟随着社会的发展而处在不断发展变化之中。至于宗族型村庄将走向何方，这也是本研究所要研究的重要问题之一。

第二章

宗族型村庄的自然形态与实态

宗族型村庄的形成与发展与自然环境有着千丝万缕的联系。一方面，自然环境为宗族型村庄的形成与发展奠定了基础。自然环境除了满足传统宗族型村庄所必需的生存条件之外，其所处的环境在一定程度上会威胁人们的基本生存，由外而内地增强了宗族型村庄的内部凝聚性。另一方面，宗族型村庄形成并发展的过程也是一个人们依赖自然、适应自然、融入自然、改造自然的过程。在这整个的历史演进过程中，人们也更多的还是借助宗族内部的合力来与自然对抗、与自然合作，最终寻求到与自然的和谐共处的境界。无论是依赖自然的耕作方式，还是适应自然的村庄格局，或是改造自然的农田水利，都显现着宗族的影子，都内含着宗族的基质。

第一节 宗族村气候特征

大田村所处粤北地区属亚热带湿润气候，又属大陆性季风气候，全年平均气温20.8℃，年平均降雨2210毫米，无霜期329天。整体看来，大田村，气候温和，雨量丰沛，一年四季皆可种植农作物，土地产出较高。这种气候条件对于大田村村庄格局、民房样式、生产方式等生产生活的方方面面都产生了重要影响。

当然，传统时期关于气候的记载并不多，但清道光年间成书的《佛冈厅志》对此却有精彩的整体性描述：

> 佛冈在岭表炎方，为海隅山国，阴盛而阳宣。故上蒸下湿，土硗而地崄，故耕多敛少。一日之内，阴晴屡易，寒燠顿殊，望而知为山中之候也。
>
> 以言气候，则终岁有花，穷腊无雪，阳气泄也。晨夕昏雾，春夏淫雨，阴气积也。其热以炎蒸，其寒以风雨，其生常早，其肃常迟。①

除此之外，《佛冈厅志》中关于每个月气候的描述也让后人在对当时气候有了较直观的认识的同时，对当时的农作物种类也有了一个大概的了解。

> 正月，始立春，东风和煦，草卉秀，发桃李华。
> 二月，麦乃实，秧始分。元鸟至，时雨降，雷电作。
> 三月，麦秋至，早禾畅茂，霖雨时行，春水盈，溪潦涨，寒燠不常。
> 四月，榴盛花，蜩始鸣，黄梅熟，湿气上升，衣物生醭。
> 五月，湿风至，土润溽暑，菡萏荣，早禾熟。

---

① 《佛冈厅志》（原文—译注对照本）.

六月，早稻毕获，瓜果咸实，炎气郁蒸，腐草化为萤。

七月，始立秋，晚禾遂插。芋熟，秋阳益烈。

八月，白露降，暑气渐消，元鸟归，稻乃垂穗。

九月，凉风至，寒霜降，稻菽毕登，蝉始无声，鸿雁来。

十月，气始肃，朝暮稍寒，乃授衣，水始涸，早梅放，鞠有黄华。

十一月，梅遍华，木叶微脱，雷乃收，声虫乃蛰，始种麦。

十二月，草木萌苴，蛰虫复振。薯毕收，麦苗秀。①

《佛冈厅志》对于当时的气候还有更细致而生动的论述：

大抵一岁之中，多暖少寒，三伏阴雨，反不甚热，或西北风作，犹可衣棉；三冬恒旸，反不甚冷，或东南风作，犹可衣裕。所谓四时皆似夏，一雨便成秋者，虽统指岭表而言，即佛冈亦大概然矣。此其所以异于中土也。②

除了一般性记述之外，史志资料中记载较为翔实的多为自然灾害。当然，从这些自然灾害的记述中，我们一是可以看到传统时期自然灾害较多，而人们对抗灾害的能力是极为有限的，这也就为宗族社会的形成与发展形成了外部的助推力，人们为了与自然对抗而抱团发展。二是可以看到传统时期正式的体制性力量的赈济救灾方面的能力还是有限的，灾害发生之后村民更多的还是依靠社会的自救，这也就逐步围绕生存而形成了很多的社会自治机制。佛冈地区有资料可查的自然灾害较多，在

---

① 《佛冈厅志》（原文—译注对照本）.
② 《佛冈厅志》（原文—译注对照本）.

历史延续性视角下大国之治的传统根基 >>>

此仅列一些较为代表性的历史记载。

一是水灾：

> 明成化十九年秋九月，大水江涨，七乡溪流无所泄，淹浸田禾，漂没民舍。开仓赈济，借给籽种。
>
> 明成化二十一年夏五月，大水，赈借有差。
>
> 明嘉靖十四年夏五月，大水，山崩水溢，多坏民舍，斗米价七分。
>
> 道光十七年春三月，霖雨。夏四月，山潦陡涨，吉河水口宣泄不及，各堡田庐间被淹浸坍塌，署同知龚耿光捐廉抚恤，是岁晚禾大熟。①

二是旱灾：

> 明万历十三年春三月，旱。清远令苏廷龙步祷于金芝岩，雨应而注，不为灾。
>
> 清乾隆四十二年秋七月，旱，晚造谦薄。②

三是鼠蛇虎蝗之灾：

> 宋绍兴十六年，鼠食稼，千万为群，时久旱，羽鳞皆化为鼠。自夏徂秋，为害数月，岁为饥。
>
> 明万历十五年，吉河乡有虎为患，伤人数百。清远令苏为文祷于大庙峡守土之神，旬日，虎去。
>
> 清康熙五十二年夏四月，蝗伤稼，斗米价一钱五分。衿士富户

---

① 《佛冈厅志》（原文—译注对照本）.
② 《佛冈厅志》（原文—译注对照本）.

捐银赈籴，民赖以安。

清嘉庆十四年夏五月，雷震一蚯蚓于上佛村古松下。①

从以上记载中可以看出，大田村所在地区自然灾害还是较多，而且多次造成区域内居民的生存危机。在灾害面前，正式的体制性力量还是进行了赈灾，有的甚至是捐出廉银来赈灾。当然，传统时期体制性力量的社会救助能力是极其有限的。甚至地方行政主官在灾害面前也是将希望寄托于神灵，如上文所述中明万历年间清远县令苏廷龙为旱灾祈祷、为虎患祈祷，就显现出了当年人们对于自然的认知与无奈。

由于体制性力量的不足，社会自然就形成了很多的自我救助机制，《佛冈县志》中对此多有记述。

乾隆五十一年春至夏尽灾，先是三月雨雹大如指头，后大旱，自五月至次年五月少雨，前后两岁大饥，饿殍相望，白石乡李仕荣出谷以赈乡人，全活甚众。

民国二年四月，港江大水，崩堤围数处，塌屋近百间，县内乡绅购米平卖赈济。②

当然，以上所述都是整个佛冈地区的大概情况，但是借用《佛冈厅志》的表述，虽统指佛冈而言，即大田亦大概然矣。当然，作为一个较为普通的传统宗族村落，大田历史上并没有什么大的士绅望族，但宗族社会内部还是有很多精巧的互帮互助、赈济族人的机制，在后文中也将对此专门论述。

---

① 《佛冈厅志》（原文—译注对照本）．
② 佛冈县地方志编纂委员会．佛冈县志［M］．北京：中华书局，2003：21—27．

第二节　宗族村地理特征

大田村，位于东经113°25′25.18″、北纬23°53′38.77″，现归属于广东省清远市佛冈县石角镇里水片区，是里水片区大田村委会下辖的一个自然村。大田村同时又属于新农村试验区，是新农村试验区内的新农村建设试点村，也是当前新农村试验区119平方千米范围内最为璀璨的一颗明珠。

大田村所属的佛冈县位于广东省中部，处于珠江三角洲大三角边缘地带，距离广州城区70千米，离白云机场60千米，周围建有清远、英德西、广州南等高铁站。佛冈境内京珠高速横穿而过，省道、县道交织成网，交通十分便利。佛冈又属于粤北山区，风景秀丽，空气怡人，是广州乃至整个珠三角地区的后花园。其实，1983年7月26日，佛冈县曾正式划归广州市管辖，成为广州市乃至珠三角的一部分。到了1988年清远市建市的时候，佛冈县又从广州市划归清远市管辖。①

从佛冈划归广州市管辖后又划归清远市也可以看出，佛冈县在清远也处于较好的位置，是清远联络珠三角的桥头堡，对于整个清远的发展具有重要的桥梁带动作用。从更大的范围看，佛冈既属于粤北山区，又处于珠三角边缘地带，且过韶关即可连接湖南，清远的三连一阳地区也是与湖南相连。佛冈既与经济发达的珠三角连成一片，借珠三角之力实

---

① 佛冈县地方志编纂委员会：佛冈县志［M］．北京：中华书局，2003：64—69．

现跨越发展，广州市白云区对口支援佛冈，广清产业转移工业园 B 区也已经落户佛冈；又可与湖南等内陆省份增进劳动力等方面的合作，大量湖南、湖北、广西、贵州务工人员已经涌进佛冈。而对于整个清远而言，虽地处粤北，但却正在利用接壤广州的天然优势推进广清一体化，呈现出强劲的发展势头。从整体看来，佛冈乃至整个清远的发展后劲不容小觑。

大田村整体上位于佛冈县西部区域，从佛冈县城沿 252 省道往西 10 余千米便到原龙南圩镇，现在龙南镇政府已不存，龙南圩镇却仍在。圩镇已经很是破旧，但各类商铺齐全，且每月逢三、六、十有集市，可满足周围几个村的居民日常生活所需。镇上的一些早餐店更是成为龙南人的公共场所，是大家讨论时事、联络感情的绝佳场所。新农村试验区管委会也在龙南圩镇办公，主抓新农村建设事宜。管委会也成为当前驻在龙南的最为重要的政府机构。龙南圩再往西行不到两公里，便到大田村。

从整体看来，大田村地处里水片区中部，东邻瓦田寮村，南连里冈村，西接陂角村，北依芦洞，遥望石联山地，位置十分优越。大田再往前数百米，便是里水党政服务平台，也就是原来的里水村委会所在地。里水村委会所在地不远处原本是龙潭市也就是三八圩的所在地，是龙南的政治、经济、文化中心，龙南人民公社管理委员会等机构也设置在此。后因 1965 年 5 月发大水，靠近龙南河的三八圩遭到破坏。公社领导怕大水冲坏公社管委会机构，被迫将社址搬迁到了旱塘，也就是现在的龙南圩市所在地，其他机构与商铺也随之搬迁。自此，龙潭市圩场才逐步废弃。大田村就是在旧时的三八圩与现在的龙南街中间，无论墟市在哪一出,大田的位置都十分便利。1965年公社管委会机构搬迁的时候,本就是希望能够迁到大田村对面的位置,占的是大田村的土地。当时大田人珍惜土地,没有应允,公社管委会机构才搬到了龙南街。大田村也由此错过了一次成为龙南政治、经济中心的绝佳机会。当然,大田人直至今日提起此事仍旧认同当年村干部的选择,在他们心中,土地是大田人永远的财富,是最珍贵的。

大田村的地理位置在很大程度上影响了大田村的发展,对于大田村落特质的形成也有重要的作用。同其他周围村落一样,大田村地处华南,远离京畿,自古受中央皇权影响就比较弱。而在历史时期,梅关以南,地方政府的管控能力也十分有限,即便到了明清时期,地方官府在地方事务上也是力有不逮,盗匪横行,械斗云涌,官府连最基本的社会秩序都难以保障。正式的体制性权力的缺失与不足使华南村落形成了浓厚的社会自治氛围。自治首先是自卫,大田等华南村落无论是建筑风格还是宗族合力,抑或武术的流行,都具有明显的地域性特征。当然,追根溯源,大田人之所以能够在太公戈明汉之时在此定居,也是与传统时期岭南蛮荒之地地广人稀有着密切的关系。

地理位置在当代依旧深深影响着大田村的发展。大田紧邻252省道,距佛冈仅十余千米,交通方便。故此,大田人鲜有到县城买房者,而多是在村里盖房。在大田人看来,村里山好水好空气好,来去佛冈县城又十分便利,住县城实在不如在大田居住惬意。而佛冈紧邻珠三角,又使得20世纪80年代大田人凭地利之便成为首批到珠三角的务工者。但也正是地域相近、交通便利的缘故,相对于四川、湖南的务工者,大田外出务工上大多身份是半工半农,农忙时节回家务农,农闲时节外出务工；生活上亦城亦乡，大多时间在城市工作生活，节假日回乡团圆。当然，半工半农状态的形成也有其他因素，但是地理区位是其中的重要因素之一。

此外，2013年新农村试验区乡村风情长廊选点过程中，大田村之所以能够在诸多村落中胜出，与地理位置也不无关系。大田村紧挨252省道，并有两条水泥铺成的乡村公路与252省道相连，交通十分便利。更为重要的是，大田所在的位置恰巧是试验区内非常难得的一片多达数千亩的水田，平坦开阔，灌溉便利。在252省道上隔着郁郁葱葱的稻田便可望到大田村，大田村后面是后山，远处又是更为俊朗的石联山脉。远远望去，大田村景色秀丽，宛在画中央。得天独厚的地理条件为新村建设、现代农业发展及乡村旅游业打造奠定了良好的基础。在充分考虑地理位置以及其他优势条件的基础上，大田最终被确定为乡村风情长廊上最重要的节点、新农村试验区内的试验田。也正是这一次被确定为新农村建设试点村的契机，让大田村实现了跨越式的发展，基础设施建设迅速推进，现代农业项目落地生花，村容村貌变得焕然一新，村民思想意识大幅提升，大田村也由此在周围村庄中领先一步，成为龙南最璀璨的明珠。

大田地势整体呈现西北高、东南低的走势，西北多是丘陵山地地形，崎岖不平，高低不一；东南则是大片河滩平地的一部分，地域开阔，地势平坦。大田本就属于粤北山区，地形主要以山地为主，但就大田自然村而言，其山地却多是海拔不高的土质丘陵，大田山地丘陵与后方的石联山脉无法相提并论。从252省道沿着村庄的方向望去，大田水田、大田后山、石联山脉三者层次分明，简直就是一幅淡淡的中国山水画。

　　大田山地也不是连片的整体，而是大小不一、形状各异的土质丘陵相间分布，大田村居后方紧挨着的是相对独立的后山，海拔较低，植被茂密。后山并未开发，长得都是野生的树木。北面则是沿着大田村边与瓦田寮东西绵延的一条主山脉，山脉中间有一垭口，有小路可通往山后，小路临近山脊，正中间开出了一条幽静的峡谷小道，大田人称之为大田村的"一线天"，一线天年代已久，两边的崖壁上长满了植物，已经无法分清是人工开凿还是自然形成。但是关于一线天，却有一个美丽的传说。传说之前村民从这里翻到对面耕田非常不便，后来村里人就想在山的中间开一条小路出来，但工程量太大，村民干了很久却没有什么成效。突然有一夜，一声巨响，山的中间就直接劈开了这条一线天，村民纷纷赞叹这是神力所为。此等传说在当地周边地区还有很多，多是表明本宗本族的发展还是得到了神仙的护佑，但却难以取信。但就一线天的地形看来，人工开凿的工程量的确较大，自然形成的可能性较高。从几十米长的一线天走过去，立马就有柳暗花明又一村的感觉，山的对面是另一片同向绵延的稍矮的丘陵，两片山地之间，又是一片五六十亩的开阔的水田，水田的中间还镶嵌了两个较大的水塘。北面山地多是村里的公山与各家各户的自留山，种满了竹子、桉树、砂糖橘等经济林。

　　大田村庄前面的水田则是非常开阔的平坦地，历史上是由龙南河冲积而成的。龙南河虽然未经过大田村，却基本上是绕里水村而过，包括大田在内的里水平坦水田都是龙南河冲积而成。平地虽平，但却也有高低差别，这种微细的差别只能从村庄水系的流向中看出。大田周围虽无河流，但却有较多的水渠，水渠中常年有水，也都是西北、东南走向，穿过水田，最后在咸水村附近入龙南河。

大田的整体地势、地形情况以及由此决定的水系走向情况也使得每逢暴雨天气，雨水自山地经水田入龙南河，雨急水大之时，水渠难以支撑，雨水倒灌进水田与菜园，造成一定的内涝。水田还好，尤其是菜园内涝，会直接导致辣椒、茄子等蔬菜受损，这也是大田菜园上半年很难种出"靓菜"的重要原因。

第三节 宗族村水文特征

大田地处华南，雨水较多，这也就使得大田周边水系较为发达，水资源较为充沛。大田虽然距龙南河尚有数里，但村子周围水渠环绕，常年水流不断。大田后山之隔有较大水塘，塘为陂角村所有，水却可为大田村所用，能保大田村逢旱年无旱灾。水塘之水，绕大田村居而过，直通水田，既增村庄灵性，又可灌溉水田。当然，村口的水渠也成为村里人下田回来清洗脚上的泥巴以及生产工具的地方。对于华南地区的农民而言，水对于他们具有重要的意义。大田历史发展中，他们就是因水而聚、依水而居、为水而争。当然，由于水在生产生活中的重要性，大田人与周边村庄也一起形成了冬修水利的传统。利用同一水渠灌溉的几个村的村民会利用冬季农闲季节相约修缮水渠，为来年丰水期做好准备。冬修水利纯粹是民间自发的行为，形成了村落之间的协作，让自治开始因共同的利益而走出了自然村的范围。

水资源的丰富也为村庄生态环境的改造创造了自然的资源。新农村建设过程中，利用标准农田改造的契机，大田对村居周围水系进行了整治，北面与东面水渠用鹅卵石铺设而成，种上水生花草，如同自然水系。南面水渠也以鹅卵石筑成，直通水田，更增乡村风情，在实现旱时灌溉、雨天排洪的同时，为大田村乡村旅游增加了一道亮丽的风景线。与此同时，大田村还利用新农村建设的契机，重新在村子前面的水田中挖了一口塘，从而与村后面的两口塘形成新的风水格局，弥补了大田人自老塘因建房之需而填埋之后的一块心病。环绕村子的三口水塘在大田人看来既是护佑他们的风水塘，也是发生火宅时方便取水的水塘，又是增加收入的鱼塘。而在外人尤其是前来旅游的客人看来，三口水塘更像是三幅山水画，让大田更具有风韵与灵气。

水乃生命之本，庄稼需要水，人也需要饮水，饮水工程也一直是大田重要的工程之一。一直以来，大田人都主要是吃井水，村里戈林欣处至今还有村里的老水井。各家各户的天井之中也是打有水井，供各家吃水、洗衣等用。当然，村庄内部的水远没有山上的水甘甜，村里人多是三五户或者八九户为一个整体，在后面的山地里打井，用水管将水引回村里。因为地势的缘故，山中井水可自动流到村内，与自来水无异。关键是山中之水矿物质含量多，且未受污染，水质清澈，味道甘甜。当然，一口水井、一条水管联系起来的农户也就成了一个个的用水共同体。他们不仅要筹资完成建设工作，还要对水渠进行维修等工作。由此，一个个用水共同体也就因此而成为一个个利益共同体。在新农村建设的施工过程中，几次造成村民用水水管损坏，相关农户都是相约一起进行检查与维修，以保证各家各户的供水。新农村建设过程中，政府出资建成了村里的自来水工程，在山顶打了机井，修建了水塔，并将主管道铺到了村口。村内的部分则是采取村民自治的方式由村民自行铺设。当然，新的自来水系统最为关键的不是一次性的修建，而是长期性管理。村庄每家每户都安装了自来水水表，由戈北燕负责管理，每月抄录各家的用水量，按照每立方五毛钱的标准进行收费。每年的水费收入除了支付戈北燕每年劳务费之外，支付抽水所用的电费后还有剩余，这也就为以后的维修储备了资金。因此，大田自来水以市场的原则形成了一个能够自我运作的机制，在政府一次性投入之后，并不需要集体经济负担，这也就保障了大田自来水系统的长期健康运行。

第四节 宗族村交通特征

大田村当前基础设施主要是改革开放后修建的，修建方式主要有两种：一是新农村建设前，大田村基础设施主要是采取农民自筹与政府补贴的方式进行修建；二是新农村建设过程中，主要是由政府出资修建。

与其他大多数地区一样，大田村最为重要的基础设施就是村里连接252省道的硬底化道路，两条水泥路的硬化工程。村庄两条路的硬化工程是21世纪初完成的，当时国家推进"村村通"工程，由政府补贴水泥，村民负责砂石等建筑材料的筹集以及水泥路的施工。大田村当时集体经济薄弱，只能是多方筹集资金。一是在全村筹款，甚至筹款范围扩大到了在外村、外县居住的戈氏族人；二是鼓励村民捐款，在大田村口，至今还竖立着当年修路捐款的芳名碑（表2-1）；三是将村庄自留地发包20年，承包农户一次性缴纳20年的租金；四是将村庄的几块宅基地向户口已经外迁的族人进行拍卖。几个方面的资金筹集，大田村终于完成了资金的筹集工作。当然，两条乡村公路都能得到政府的补贴也得益于当时的村民小组长戈国星的积极走动，是他跟村里人动用私人关系向乡镇政府求情的结果。正是得益于政府补贴资金的撬动，村民才积极地筹资筹劳，顺利地完成了两条乡村公路的修建。

表2-1 大田村村道建设捐资芳名录

投资者	捐资金额	投资者	捐资金额	投资者	捐资金额	投资者	捐资金额	投资者	捐资金额
戈月明	1000元	戈庙基	100元	戈坚鹏	100元	刘顺带	100元	戈金锐	50元
戈桂林	1000元	戈国平	100元	戈继平	100元	刘志伟	100元	戈显文	50元
戈绍荣	1000元	戈绍庚	100元	戈绍甜	100元	刘志辉	100元	戈荣记	50元
戈新金	500元	戈桂财	100元	戈绍凤	100元	付宏财	100元	戈伟国	50元
……									

同样的基础设施建设方式在村庄巷道建设中也得到了很好的运用。当时也是政府进行一定的补贴，其他部分由村庄负责。大田村也是发动群众以每条巷道为单位，沿着巷道的农户联合起来，筹资筹劳，将所有的纵向的巷道进行了硬底化，极大地方便了群众的出行。

新农村建设过程中，大田村在原来村庄前面与右面街道的基础上，打通了其他两面，形成了完整的环村公路。同时，大田还将全部的纵向巷道以及横向巷道进行了硬底化，从而形成纵向水泥路、横向砖石路，纵横交错、相辅相成的村庄巷道网络，进一步提升了村庄的道路水准。当然，新农村建设过程中的道路硬化工程主要是使用政府的项目资金完成。新农村建设过程中在对道路进行硬底化的同时，还通过广州白云区对口扶贫项目的资助，进行了村庄道路亮化工程，沿着252省道经村庄两条乡村公路，一直将太阳能路灯安装到了村庄的环村公路，使村庄亮化工程与龙南街路灯相连接，方便了群众的夜间出行。

近年来，大田通信也已经有了根本性的发展。如今大田，已经迈过了家家户户使用固定电话的时代，村中没有了固定电话，彼此联系都是使用手机。大田村高中生以上村民几乎人人都有手机。村里人的手机大多是较为简单的低端机，而年轻人也已经开始使用知名品牌的手机。手机通信的最大消费还是在于话费，多数村民手机话费在三五十元左右。村中事务较多者则有百元之多，甚至几百元话费。一个人的话费或许不多，但是一家人的话费合计下来也是一个家庭不小的一笔开支。大田新农村建设过程中，新农村试验区管委会与中国移动广东分公司合力开发卓越村委管理系统，大田村是试点村。系统使用之后，大田所有事务将实现网上办公，管委会—里水服务站—试验区管委会三级联动。

第五节 宗族村村庄现状

今日大田村，六排九列纵横交错、整齐划一，是龙南范围内最为规制的一个自然村落。当然，正如上文所述，大田的规制首先得益于1963戈东水领导的村居建设理事小组对村庄的整体规划与布局。当时村居的规划按照横11排、纵11列的方形格局进行规划，四面有围水，三面建门楼，周边还有三口水塘。整个村居规划横平竖直、纵横交错，十分工整。既考虑到村容村貌的整洁，又充分考虑了村庄的防御功能，这也可能也与大田历史上因械斗而被烧村有很大关联。之后几十年，大田人建房都是按照规划进行，没有出现乱搭乱建现象。

到20世纪90年代，已经建起来的是村后面的围水以及六排、九列房屋。因为村内未建到11排，两边未建足11列，其他方向的围水以及规划中的左、右、前三个门楼均还未修建。到90年代，随着经济的发展，周边村庄已经开始流行以钢筋混凝土起两层半的楼房，大田村原有规划面临着新的挑战。于是，时任经济社社长、副社长戈德甲、戈北燕在征求村民意见的基础上提出新的村居规划，允许在村庄后排及两侧起楼房，村居前面不能盖楼，以防影响老房子的采光。这一规定直到2006年还在坚持，村民戈林欣就是回乡在老宅基地上盖房时与村庄老人产生争执。但是随着村里盖楼需求的刚性增长，村子前方宅基地不得盖楼房的规定最终被打破，近年来在村子最前方也又起了两排新楼房。

2013年新农村建设过程中，中国乡村设计研究院对大田村居进行了全面规划。新的规划在尊重历史而形成的村居格局基础上，对一些陈旧杂物房、猪圈等进行了拆除，并合理安排篮球场、文化室、停车场等基础设施，打通了环村公路，形成了环村路与环村水系。尤其值得一提的是，整个新规划还是着力于保持大田村农村风味，致力于打造"最像农村的新农村"。所以，新规划对于村中老房屋、祠堂、神位等充分尊重，妥善保留。经过一年多时间的建设，大田主体性建设基本完成。如今的大田，已经基本形成与大田整体规划图相一致的村居布局。

大田历史较为复杂，民国时期全村被烧，所以传统时期的房屋格局已经无从考证。如今村内可以看到的古屋都是1963年之后修建的。

大田村整体朝向偏东南，村前是大片水田，与252省道隔田相望，有不足千米的笔直村道相通。大田村左后方是村庄后山，植被繁盛，风景秀丽，有小道可达山顶；右后方则是属于陂角村的大片水田。村庄左侧小块的水田之外就是山地，翻过左面山地还是属于大田的大片山谷地。山谷两侧是林用地，谷下是十多亩水田。左后方较远处还有大田的太公山，葬有成邱公等戈氏长辈。村子的右侧则是大片水田，沿着村子一路之隔的是大田的菜园，菜园之外，就是邻村的水田。大田村口路的左侧是大田污水处理系统之所在，旁边还有村里唯一的一个移动式垃圾箱。路的对面是村里的停车场，每逢周末，经常会有旅游团的大巴车停在此处。停车场的边缘有一块20世纪90年代立的功德碑，主要是纪念修建两条连接252省道的村道时村民捐款的功德。

村子左后方沿着后山首先是新建的文化室。后面连成一片的是新建的杂物房，杂物房几乎是每户一间。文化室与杂物房之间是戈氏宗祠，戈氏宗祠是村里最重要的地方，是村庄的核心所在。祠堂与文化室前面是池塘，戈氏宗祠依山傍水，也是村中风水的极佳之处。文化室周围进行了全面的绿化，形成了村里的小公园，小公园边缘靠着民居的地方，设有乒乓球台等健身设施，是村子里的健身小广场。村子左侧新近修建了篮球场，篮球场下面的空地处，新的羽毛球场正在规划之中。村左侧的小池塘也进行了休憩，准备建成村里的垂钓中心。垂钓中心旁边建有新的公共厕所，村中老房子并没有厕所，很多尚在老房子居住的老人都要到此如厕。当然，规划之中在文化室与垂钓中心之间沿后山而建的农家乐如今还尚未建成。

新农村建设不仅建起了村民梦寐以求的文化室、篮球场等主体性设施，大田的美化亮化工程也基本完工，整个大田村焕然一新。除了文化室前的小公园绿意盎然之外，村子环村路与环村水系的两旁也栽满了花花草草，让整个大田成为一个大花园。由广州白云区对口援助指挥部援建的大田亮化工程更是将从龙南卫生院开始将路灯沿252省道一直安装到了大田，使龙南到大田之间夜晚灯火通明。而在大田村道路段，太阳能路灯的灯光与华琪生态村水田边的蓝色吸蝇灯上下互补、色彩互映，让大田的夜晚更富有乡村之美。

环绕大田的环村公路与环村水系，共同构筑起了大田村居的分界线。整个村居在环村公路以内布局，公路以外没有民居。通往252省道的两条村道以及环村路都已经安装了太阳能路灯。大田村居现纵向最多11排，最少9排；横向13列，共125块宅基地。其中，空置宅基地22块，老房42块，楼房61块。老房子位于中间位置，新房则分布村庄四周，将老房区域环绕。村中宅基地大多都是131平方米，少量老房子宅基地的较小，只有90多平方米。村子里的巷道都是两米宽，纵向巷道20世纪90年代就已经用水泥铺成，巷道一侧留有三四十厘米宽的下水道。横向的巷道则多是新农村建设过程中用水泥砖铺成，巷道一米多宽，两边留有空地，原本是想供村民栽花种草，但现在多是用来放置柴草等杂物。村民家里的化粪池也多是建在巷道之中，化粪池分为三层，能够起到很好的过滤作用。每个化粪池都留有一个小口，上面加水泥盖子。纵向巷道一以贯之，又是水泥铺成，便于村民骑车穿行；横向巷道本身较窄，又是用砖铺成，且常有排水沟相隔，行车不便，但却也省去了村民雨天的泥水之苦。

如今，村子周边地区空置宅基地多是已经规划到户还未起楼，村子里面的空置宅基地多是坍塌的老房。近年来，随着人口的增加，村里在可预见的时间内对宅基地的需求还是刚性的。由于村内土地资源有限，无限制的扩大村庄宅基地范围显然不利于村庄长远发展,国家也已经严格了对农村建设用地的控制。如果将来宅基地需求继续增加,在中间区域拆旧建新或者向更高层发展是最有可能的选择,大多数村民对此也表示认可。但是对于村民来说,宅基地的选择也是极为重要的事情,大家还是更希望能够在村庄边缘地带盖房,尤其是新农村建设之后,村庄周边交通更方便,美化绿化工程更完备。

大田村民的宅基地是按照每家每户的需求定期划分的,主要依据是村里成年男子盖房娶妻的需求。但是整体看来,在农民住宅的分布上,还是呈现出了一定的家族聚居趋势。部分家族几兄弟的住宅一般都是挨在一起,这当然也是在分配宅基地的时候刻意而为的结果。各房各支相对的聚居有助于相互之间的照应。当然,部分家族对于聚居地也形成了一定的钟爱,戈武福就认为他们家族居住在村中的左后方一带,人丁兴旺,发展较好,戈武福对此甚是自豪。

在新农村建设过程中,大田垃圾处理也纳入了城乡一体公共服务范畴。改革开放后,随着经济的发展,农村垃圾处理成了重要的公共问题。尤其是21世纪以来,农村垃圾量大幅增多,大田村也开始面临这一公共问题。村庄为此修建了垃圾池,村民将生活垃圾倒入垃圾池中,村民小组则利用有效的集体经济收入定期进行清理。新农村建设过程中,新农村试验区管委会在辖区内推行农村垃圾处理机制改革创新,采取户收集、村集中、镇处理的方式,在每一个村庄都安放了大型垃圾箱以及垃圾桶,并与环卫所合作,对试验区内的垃圾进行搬运与处理。由此,村里每年节省了一笔清运垃圾的开支,而这项开支几乎占了大田原集体经济收入的三分之一。

此外，大田的公共厕所，也经历了一个社会变迁的过程。大田旧屋没有厕所，村里人每家每户都在村子后面盖有自家的简易厕所，村里人如厕都是要到村子后面。后来随着村庄的发展，在原来的围水后面又批了两排宅基地。而为了修建村里的乡村公路，村里拍卖了其中几块以筹集资金。戈桂林三兄弟所拍到的恰巧就是原来村中厕所所在地。作为走出大田村的优秀代表，他们主动出资为村里修建了新的公共厕所。当然，公共厕所也需要村里每年出资雇人来清理，与村庄垃圾处理无异。新农村建设过程中，拆除了旧的公共厕所，修建了新的公共厕所。更为重要的是，新的公共厕所通过排污渠道与村庄池塘相连，厕所污水直接排至池中，实现了自然分解。

新农村建设过程中，还对村庄雨污分流进行了探索。村庄楼房兴起之后，家家户户都在相邻的巷道中修建了化粪池，但每到雨季，雨水倒灌，污水横流，化粪池污水与雨水一道进入村庄水渠。平日每家每户的生活污水也是造成了村庄内部巷道旁边排水沟内杂物累积，每到夏日，便有异味。由此，雨污分流也就成了新农村建设过程中村民的一个利益诉求。最终，政府按照村民的心愿在村口修建了污水处理系统。当然，雨污分流也是对大田"生态村居"建设的一种探索与完善。

第三章

宗族型村庄的经济形态与实态

宗族型村庄的经济自然有着浓厚的宗族特色,这种宗族特色浸染到了宗族型经济的方方面面。在土地占有上,从传统时期土地私有制时存在的公田到家庭承包联产责任制中的留用地,都体现了宗族型社会的产权共有;在农业经营上,从生存小农的家户合作到社会化小农的合作社生产、市场化经营,呈现的也是一种宗族型社会的互帮互助;在分配关系中,无论是传统公山、公田收入的共同使用,还是如今合作社公积金、公益金的提取,也都深深刻上了宗族型村庄的烙印。此外,在就业、收入、交换、消费等方面,尤其是在日常经济活动的细微环节,也都处处显现着宗族型村庄的特色。可以说,宗族型经济是宗族型村落的物质支撑,共有经济是宗族型村庄经济的最大底色,也是凝聚宗族型村庄的核心与基础。

第一节 宗族村经济概况

大田村所处粤北地区山多田少,但大田村周边却是难得的一大片开阔地。戈氏先祖戈明汉祖孙四人来此定居之后，就在如今大田前面的荒地上开垦，开垦的土地为私人所有，这一方面得益于当时的土地私有制，另一方面也是当时周边地多人少的缘故。由于戈氏先祖勤于开垦，很快便有了自己的大片土地。尤其是与周边村庄相比，大田在很长一段时间属于田地较多的村庄。村民戈德甲、戈焕新等人对于祖上善于开垦都有一些流传下来的说法：

> 我们的祖先就知道种田的嘛，那就天天开荒喽，人家后面陂角村那时候是不喜欢种田的，他们就是做小生意。所以到后来我们村的土地就比较多，周围村的人就愤气。我们来得晚，结果地最多。

由于祖祖辈辈辛苦开垦、长期经营，到清朝末年，大田戈氏在发展到第十世左右的时候，村庄经济、社会、文化等达到了一个鼎盛状态，但天有不测风云、人有旦夕祸福，民国年间，两次的宗族械斗让大田村元气大伤。尤其是民国15年的宗族械斗中，大田村最后全村被焚烧，整个村庄化为了灰烬，甚至房子中烧剩下的石条也被抬走。宗族械斗结束之后一直到中华人民共和国成立的20多年间，也就成了大田村重建的历史阶段。20多年，对于一个村庄而言，显然是难以恢复元气的。也正是在这个过程中，村中土地大量流失，族人经济一蹶不振。在1949年之前，村庄基本还是一片萧条。因此，在周边村子老人们的记忆中，大田一直就是一个穷村，从来就没有富有过。

第二节 宗族村产权形态

自戈明汉公定居大田以来，大田戈氏就以种田为生，奋而开垦，勤于耕作，这也是历史上大田戈氏迁居至此相对较晚，土地却相对较多的重要原因，甚至也是大田旧名"大份田"原因之所在。当然，传统时期的大田除了有部分公田、公山之外，大多都是私人田地，土地归村民私人所有。也正是在这种封建土地私有制之下，土地在历史演进中不断兼并。当然，土地兼并中逐渐没落的不仅仅是自耕农家庭，地主家庭也可能在发展中走向没落。据传，大田村曾经有一个小型地主，但是到民国初年遇到了不肖子孙，赌钱将家里的土地都赌光了，等到土改的时候，这个家族后人已经成为贫农。佛冈县土改前后农村各阶级人口、耕地统计表，如表3-1所示。

表3-1　佛冈县土改前后农村各阶级人口、耕地统计表

	项目	地主	富农	土地出租	中农	贫农	雇农	公田	其他	合计
户	户数（户）	1312	786	287	6360	12483	2207		3230	26665
	占比（%）	4.9	2.9	1.1	24	46.8	8.3		12.0	100
人口	人口（人）	3313	4964	803	23044	51361	5165		19142	107792
	占比（%）	3.1	4.6	0.7	21.4	47.6	4.8		17.8	100.0

续表

项目		地主	富农	土地出租	中农	贫农	雇农	公田	其他	合计
土改前	耕地（万亩）	2.21	4.28	0.11	1.99	2.26		0.62	1.23	12.70
	占比（%）	17.4	33.7	0.9	15.7	17.8		4.9	9.7	100
土改后	耕地（万亩）	0.89	0.63	0.10	3.55	6.20	0.63		0.66	12.66
	占比（%）	7.03	4.98	0.79	28.04	48.97	4.98		5.21	100

注：土地出租是指小土地出租者；公田是公尝、庙会的土地，主要由地主掌握。

当时大田内部的土地占有分化已经很难从数据上进行精确的考证，但据《佛冈县志》记载，佛冈县全县地主、富农占总人口7.7%，却占有耕地面积的51.1%；贫农、雇农、中农占总人口的73.8%，只占耕地总面积的33.5%。[①] 当时大田贫农、雇农受地主剥削较为严重。这一人地关系直到土地改革后才得到了根本性改变。

但与此同时，从佛冈县档案局中查阅到的一份1953年的《佛冈县四个区54个乡土地没收征收分配统计表》却显示出了有较大不同的土地占有情况。具体见表3-2。

表3-2 佛冈县土改前农村各阶级占有土地统计表

阶层	数目	占比
雇农	314.3	0.25%
贫农	15178.7	11.93%

---

① 佛冈县地方志编纂委员会. 佛冈县志[M]. 北京：中华书局，2003：225.

续表

阶层	数目	占比
中农	19927.9	15.67%
富农	4277.1	3.36%
地主	23016.2	18.10%
小土地出租者	1121.6	0.88%
公田	62119.5	48.84%
其他	1233.4	0.97%
合计	127188.7	100%

两份可查的数据统计资料显示的佛冈土地总量是一致的，大约12.7万亩，地主占有土地的比重也是大体相当，最大的差异可能还是在富农所占土地与公田所占的比重的部分。《佛冈县志》中的数据值得怀疑之处就在于按照表中所列地主与富农人数及占有土地情况，富农人均土地甚至多于地主，这显然是有问题的。两相比较，档案局中所查阅到的数据可能更足以采信。这样一份数据材料所显示的土改前各阶级土地占有情况也与一份里水乡的数据材料大体一致（表3-3）。

表3-3 里水乡土改前农村各阶级占有土地统计表

阶层	数目	占比
雇农	18.6	0.4%
贫农	401.8	8.9%
中农	580.3	12.9%
富农	198.9	4.4%
地主	1828.8	40.5%
公田	1449.36	32.1%
其他	33.98	0.8%
合计	4511.7	100%

从表中可以看出，里水乡土改前各阶级土地占有情况与全县的情况基本相符，唯一的区别就是地主占有土地与公田在所有土地的比重。当然，这可能也与里水乡当时有大地主有较大关系。如里水乡福联村大地主黄同合，是整个龙南最大的地主，也是整个佛冈名列前茅的地主之一。当时，黄同合购置的土地遍布整个龙南，甚至延伸到了其他乡镇。在大田人的记忆中，当时大田村前的大片水田，已经都属于黄同合所有，土地兼并土地已经到了大田村口，大田很多人以租种地主土地为生。

大田村的土改工作1952年启动，并于当年的10月7日分田分地。大田阶级成分划定的具体情况已经无从查究，村民能够记住的只是村里有恶霸富农一户、中农一户，其他均是贫农、雇农，没有地主，村庄内部的分化并不明显。据芦洞村土改干部陆光林回忆，直到中华人民共和国成立前后的1949年7月至1950年3月，他还跟谢太洪、何明添、戈德辉等人帮大田村恶霸富农戈金玉挖石塘，人工谷是1950年春天去小坑村挑的。当然，村内没有地主，不代表就不受地主剥削，村民戈德莲至今还记得家里租种了福联地主家的土地，每到收成季节，母亲看到辛苦一年收获而来的谷子绝大多数都被收租人担走，只能暗自流泪。

如上所述，大田当时的土地占有情况已经难以考证。但是可以肯定的是，虽然大田在中华人民共和国成立前经济已经极为萧条，公尝的数量也已经减到了很低的水准，但是一定的公尝还是存在的，而且在维护宗族共同体、救助族人方面发挥了重要的作用。

据当时仍旧迁居在铺岭石脚下村的戈焕新回忆：

> 那个时候自己没有地种，租地主的土地租子收得很重的，我大

概 10 岁（1940 年）左右的时候，我父亲就下来大田说，家里太穷了，要下来耕两年太公田。太公田的田租要比地主的少很多的。但太公田越来越少了，解放的时候可能也就剩下几亩了。

而民国 36 年大田村发生的几场民事诉讼案也表明了当时大田公尝的存在。在当时的起诉书中，明显写有关于祖尝的情况：

> 太祖戈朝裔、戈陆全、戈锡荣先后遗有尝田土名坐在本村附近之钳口龙子及牛江麸等处，承先祖父遗嘱均指定为各太祖每年春秋二季祭祀之需。

宗族内既然有公尝等共有财产，就存在共有财产的管理问题。到了民国年间，农村内人心已然不古，村内居民围绕公尝开始矛盾横生，甚至在内部无法有效解决的情况下，族人相互告上法院，大田村在民国 36 年的几场官司就是围绕公尝展开的。整个纠纷过程错综复杂，但是涉及公尝产权变更的却是民国 36 年龙潭乡大份田村戈邦基诉戈林相、戈邦珍返还尝田一案。

在起诉书中，戈邦基明确指出：

> 被告胆大妄为，欺原告值理年老，竟于去年冬将被告等所批太祖尝田土名钳口龙子、婆髻前、牛江麸共种子三斗二升盗卖于同乡之福头村黄振沂。私相授受，有削减祭祀之虞。太祖所遗尝田指定为春秋二季祭祀之用。虽被告等有公同享受之权利。祖尝有变更处置之必要，亦需得全体叔侄之同意及值理之参加。

对于戈邦基的起诉，被告人戈林相、戈邦珍承认了出卖尝田的行为，但却是另一番讲述：

太祖戈朝裔、戈陆全、戈锡荣等遗下尝田向来分由各房叔姪耕种，但多不清租，时相争执。为息纠纷起见，已于民国三十五年正月初八邀请乡长、保长、父老等及各叔姪平均分派，自后各房各管，所有尝田分田簿处可查。

民等变卖之田所得亦完全由各叔姪派分以维持生活，绝非变作别用，且系由各叔姓公意，绝非盗卖。有当日卖契签字为凭。

最终，在这场起诉中，原告获胜，法院判决中的一个重要依据就是"公同共有物之处分应得公同共有人全体同意"。而显然，在这次纠纷中，戈林相、戈邦珍等人所卖尝田只是得到了本房人的同意。当然，其实这个案子本身是错综复杂的，本节只是阐述了案件中关于公尝产权变动的部分，而整个公尝纠纷还是属于经营形态的范畴。

当然，从本案中也可以看出，传统时期所谓的公田，并不全是全族共有，而是分布在各族各房之中，不同房支祖先留下来的公田由本房本支之人共有。公田最初其实就是各家各户未分的一份遗产，这在后面也将详细讲述。

从整体来看，传统时期的大田村的土地产权主要就有两种形式，一种是土地私有，所谓土地私有，也就是土地为农户占有。当然，在传统时期，并不存在地主、富农、贫农的称谓区分，这些概念都是在后来的土改过程中建构出来的。另一种则是土地共有。从现在可以掌握的资料来看，传统时期大田村村民共有土地占的比重还比较大，且在村庄共同体、宗族共同体的维持方面发挥了重要作用。当然，近代以来随着宗族巨变与族权的式微，共有土地也就是公田、公尝的经营开始遭遇挑战。

水田如此，山地也是分为了公山与私山。私有山地的产权交易也是较为方便。大田历史上就流传着现在的大田山地有一块是石铺嫁过来的媳妇带过来的故事。相传石铺的女孩嫁到大田村，婆家却连一块可以砍柴火的山场都没有。于是家里多山地的岳父就将相近大田的一块四五亩的山地送给了女婿家。

从整体看来，传统时期大田村土地的产权是相对清晰的，唯一的例外在于坟地。在大田乃至整个佛冈地区，坟地是最不受限制的。家里有人过世之后，一般可以在任何村庄的山地中下葬，山地主人对此也不会有任何异议。也正是这个缘故，如今大田先人的坟墓并不只是在本村范围内，而是遍布于整个龙南，像大田始祖戈明汉的坟地就是在龙塘村内。当然，大田的山地中也有很多其他村的先人坟墓，每到清明节，相互到别的村庄中祭拜本族先人。这种对坟地使用的宽容一直延续到了改革开放之后。近年来，随着土地价值的提升以及土地开发过程中坟地搬迁等问题的凸显，这种现象才逐步较少。现在过世的族人多是在本村山地中安放。

第三节　宗族村交换形态

传统时期，在产权交易市场发达之外，村民的日常生产生活更离不开进行日常用品交易的农村市场。关于传统时期农村市场，施坚雅以成都平原为样本，已经进行了非常有成效的研究，他甚至认为农村市集所形成的交易圈才是农村的基本单位。传统时期的大田村，也已经有较为发达的农村商品贸易墟市。当然，大田村只是整个市集圈的一部分，大田人生产生活所依托的是距离大田一公里的三八圩。三八圩既是当时龙蟠堡所在，也是中华人民共和国成立后里水乡政府所在地，也是现在的里水公共服务站所在区域。

所谓三八圩，就是每月逢三、八两天而开的圩市。三八圩设立较早，在道光年间成书的《佛冈厅志》中对此就已经有记载：

> 墟市之交易也。通都大邑，列廛而居。各乡去治远，日用饮食之需不能舍，皆取诸宫中也，爰于近乡闲旷之地互市。
>
> 治西郭外二里许，设石角墟，百工之庶物集焉。铺户数百，常市外，复期以一、六之日。
>
> 又西，龙蟠堡设龙蟠墟，龙潭堡设三八墟（即今龙南里水）。
>
> ……①

三八圩又称龙潭墟、龙潭市，是龙潭堡的政治、经济、文化中心，它的繁盛一直延续到了中华人民共和国成立后。中华人民共和国成立后，龙潭乡政府驻地也设在三八圩旁边的云从社学。1961年5月佛冈人民公社分为石角、水头、三八、龙南四个公社，龙南人民公社管理委员会驻地也仍是设在云从社学。直到1965年农历五月节发大水，公社领导怕水冲公社，把社址搬迁到了龙南的旱塘岗，原来龙潭市的供销社、信用社、卫生院、手工业社、缝纫社等也随之搬迁到旱塘岗，原来的龙潭市圩场也逐渐衰落并废置，但龙潭墟在民国到中华人民共和国成立初的繁荣是不可抹灭的。对此，与大田村同属里水片区的芦洞村的陆光林记忆犹新，并将其记述了下来：

---

① 《佛冈厅志》（原文—译注对照本）.

<<< 第三章 宗族型村庄的经济形态与实态

龙潭市是龙潭的农副产品流通集散地，贸易互市随着咸丰十年建立的云从社学而逐渐形成。圩场围绕社学而建，社学的南北两侧建有商铺，社学前面建有圩亭和露天圩场，设东南西北四门，最西端设有1.5米的围墙，整个圩场就形成了。圩场的东门楣上刻有"龙潭市"三个大字，入东门前行，便是一片露天圩场。南北两边建有三十八间商铺，铺高两层，进深三丈。南北两条直街和社学门前的一条横街，都用鹅卵石铺砌。圩场中间设有两排2.5米高的砖木结构的圩亭，南北各六卡，用于流动商贩经营饮食、豆腐、花灯摊档摆放。南北尾卡是公秤。社学左边一排大叶桉树，林荫树下是外地走圩的商贩摆卖油盐、糖豆、煤油、咸鱼、豆豉、头花菜、凉茶的摊档，以及农民摆卖蔬菜、蛋品等农副产品。中间露天圩场是摆卖稻谷、大米，每圩谷米交易不下三五千斤。还有耍武卖药的烟岭范飞龙、范少威等都在露天圩场摆档，围观者甚众。露天圩场还有摆卖生猪、耕牛、竹木、犁辕、牛藤、板材等物。中华人民共和国成立前，龙潭市商品丰富，非常热闹，赴圩人来自四面八方，除龙潭地区外，龙蟠堡、石角、水头、龙山的关前、清远的横石、从化的鳌头等地商贩都来赴龙潭市。①

非常难得的是，在陆光林的记述中，还有大田人商铺的影子：

还有谢万权、何榕水、曾相、戈观清等人豆腐档，还有油炸角、糍糕、凉粉等摊档。②

---

① 《佛冈文史》（第十六辑）．
② 《佛冈文史》（第十六辑）．

历史延续性视角下大国之治的传统根基 >>>

龙潭市当时还有两个较为特殊的市场，一个是抽鸦片赌博产业，一个是劳务市场：

> 龙潭市的南门左下角有间大屋叫番摊馆，可摆十五六张摊台，冬季雨少及过年就在露天圩场摆设摊台。还有赌三十六个字的字花、打纸牌、玩扑克二十一点、斗牛以及小坑人刘毛开的玩鸡公鲤鱼的赌档。

> 过完年找工夫是穷人每年春节后的第一件大事，正月初二至十五逢龙潭市圩日，就是雇主与工人面对面讲工夫的日子，清长工、二耙、看牛仔，还有短工。一年多少人工谷，双方讨价还价，如果正月十五还未落实工夫，工人着急，雇主更着急。①

由此可见，民国时期的大田村所在地区，已经形成了一个较为完备的乡村市场体系。当然，这种市场的繁华也受到了宗族械斗的影响，宗族在某些特殊时期成了影响市场自由的一个关键要素。龙潭圩在民国期间，就有一段因宗族械斗而引发的发展危机。

> 龙塘圩本是一个仅有数十户人家的小村落，名叫新田村。到民国十年，这里才开始设有杂货小店，以方便村民。民国15年佛冈境内爆发了由封建观念引起的刘、黄良性大械斗，而当时龙南的主要圩市龙潭圩和佛冈县城附近的石角圩均属于黄姓势力范围，新田村一带多属姓刘，为了生命安全起见，刘姓族人都不去龙潭圩和石角圩赶集。当时封建姓氏乡规也明确规定：龙南永福坛属下各村人均不准往龙潭、石角赶集卖东西，否则一律没收，充归永福坛

---

① 《佛冈文史》(第十六辑).

68

(永福坛是个农民自己组织起来的醮会,属下有十五个自然村)。一次龙蟠村人刘礼佐违反规定,挑米前往龙潭圩出售,果真在半途被族人把米全部没收。由此,新田村在特殊条件下很快形成圩市,并迅速兴旺起来。

民国22年之后,随着姓氏械斗的火药味逐渐消散,封建姓氏间的敌意也逐渐消除,加上龙潭、石角两圩场较大,商店较多,圩期又与龙塘圩相近,这样永福坛人去龙潭圩和石角圩赶集的习惯又逐渐恢复。趁龙塘圩的人逐步减少,使龙塘圩日趋萧条,店铺先后倒闭,最后剩下顺泰的酒米铺、元春饼食店和庙新的饺子店等几家,也需经常兼以挑货到龙潭圩或上村庄叫卖才得以为继。抗日战争胜利后,便完全没有人赶龙潭圩,至此龙塘圩便告消失。①

当然,龙塘圩的发展与龙潭市是紧密相连的,在龙塘圩最繁盛的时候,龙潭市自然受到了较大的负面影响。从中也可以看出,一个集市圩镇的发展受到很多因素的影响,宗族在其中可能有着影响市场自由的作用。

民国时期的龙潭圩,还有一个重要的特点,那就是稻谷充当一般等价物的角色,替代法币成了最实用的实物货币。这当然也与当时法币贬值太快有很大关系,国民政府的货币政策让整个龙南社会由金属货币、纸币货币又退回到了实物货币时代。对此,与大田临近的咸水村的黄文质回忆说:

那时候的钱肯定不行的,我父亲那时候是副保长,他那时候就

---

① 《佛冈文史漫话》.

说，那时候龙南驻军的那个军长都有印版的，都能自己印钞票的。你想想，一个军长都能印钞票，那个钱还值钱吗？

于是，在龙潭市，买卖中都是用稻谷交易，每件物品也都是以稻谷来定价的。但是，以稻谷为实物货币也存在很大的不便。黄文质提到这些时，侃侃而谈：

> 你想想，一个人大老远背着盐来三八圩卖盐，盐卖完了，换回来了几百上千斤的谷子。那谷子怎么背走呀，还不累死他呀。那个时候就有一个办法，就是把这些谷子存到大地主黄同合那里，黄同合再给你写个单子，这个单子就是回执，你拿着这个回执就可以在他们的汇织中去取。

黄文质先生在这里说的汇织，是当时在清远范围内一些有财力的大户人家之间建立的一种金融组织，他们彼此认可彼此写的回执，任何一个人接受了商户的存谷而开出的回执，都可以到其他地方的组织成员那里领取谷子，这样就免除了商户的运输之苦。汇织组织内部每年年底相互结算，平衡彼此的收支。当然，商户借助汇织的力量也是要缴纳一定的费用的。这种汇织组织实质上是国家货币贬值、国家金融机构不畅的情况下的一种民间金融组织。汇织组织成员以其财力赢得了社会信任度，这种农村的民间信用显然超越了人们对国家信用的认可程度。

当然，有市场就有金融，有金融就有借贷。对于传统时期的小农而言，经济抗风险能力的低下让他们更是愈发的需要借贷，尤其是歉收的年份，借贷成为困扰农户的最大问题。当然，在传统时期，农村社会也存在一个多元化的借贷体系，基本满足了传统小农的借贷需求。当然，传统小农的借贷更多的是生活性借贷，而生产性借贷相对较少。

一是向政府体制性的借贷平台借贷。《佛冈厅志》中对此有一个记载：

> 若夫水旱凶荒之备，非筹於临事，宜裕於平时。从来积储之法，以常平社仓为尽善。
>
> 嘉庆十八年，既设治，乃建斯仓。二十三年，将清远县谷一千三百五十八石四斗二合，英德县谷八百七十四石二斗七升一合一勺，拨归斯仓存储，共常平额谷二千二百七十二石七斗五升三合二勺，以转运维艰，价储藩库。又因正价不敷，延未领买，致该仓但有此额，而无实储。迄今二十年，历造大计保题及年终盘查册结，皆仍声明未经奉拨谷石字样。
>
> 窃谓宜酌议，津贴饬行，并正价具领。采买入仓，责成收管。岁稔则出陈易新，岁歉则平粜、赈借斯常平之良法美意庶几毕具。①

从这段记述中可以看到，政府对于歉年的借贷还是有一些体制性的举措。但是，也正如这里所言，社仓虽好，但却只有虚额，20多年没有实谷存储进去。因此，传统时期体制性的借贷能力还是十分有限的。

二是向富裕农户（财主、地主）借贷。当然，这种借贷的利息最高，也是很多中农、贫农破产的重要原因之一。

三是向族尝借贷。每年公尝在修坟、祭祀之后还会有剩余，族人遇到灾年可以借贷，第二年的清明节要进行偿还。向族尝借贷比地主借贷

---

① 《佛冈厅志》（原文—译注对照本）．

利息少很多，有一些甚至不要利息，只要到时候还上租子就行，它主要还是为了解决族人的问题。当然，由于族尝都是用于祭祀、修坟之用，所以这种借贷的信用指数较高，违约较少。

四是通过建会借贷。建会借贷是传统时期大田村及其周边地区最有智慧的一种民间借贷机制，也是一种相互救助机制。李伯庭回忆说：

> 不管是为了结婚，还是盖房子，还是其他什么事情，只要你有借贷需要。你就可以召集几个人一起成立一个"会"，你就是会头，其他人就是会员，会头向各个会员借贷。比如说你向每个会员借贷三斗米，那大家就都给你三斗米。以后每年你要召集大家开一次会，说明一下你这一年的收成情况以及还贷能力。然后会员就会商议你先还谁的谷子，大家都报一个数，价低者得。比如有人家里有事，比较着急你还谷子，他可能就不要三斗了，就只要你还两斗就行了，他又是要的最少的，那你就先还他的，只还给他两斗就行了。然后来年有能力了再还要价最低的那个会员，直到全部还完。当然，每年召集开一次会，每开一次会会头也要张罗大家吃一餐饭，作为感谢。整体来看，会员肯定是吃亏的，不像我们今天，存钱、借钱还有利息，那个时候就是每年那一顿饭。而且你要是急用的话，还要少要一些谷子才能先还给你，也就是说非但没有得赚，老本还少了一些呢。

由此可见，这种借贷机制实质上是传统时期乡村社会的一种互助机制，它需要在熟人社会中进行，且也有面临会头"赖账"的信用风险。当然，赖账的情况也不是绝对没有。但是一则这种借贷是在熟人社会中进行，彼此对对方的家底、品格较为了解；二则既然是互助机制，就是相互救济的机制。在传统时期，面对天灾人祸的威胁，每个自耕农随时都有破产的可能，违约失信的代价将是非常大的。

第四节　宗族村产业形态

大田村戈氏族人的始祖戈明汉本是以耍猴为生的江湖手艺人，但自定居大田之后，却再也没有从事这一行当，而是兢兢业业地开荒种田。戈氏族人自戈明汉以后也都是以农业为生，少有从事其他职业者。

在大田内部手抄本的材料中，有这样一段记述：

> 我祖其为始祖也，且其生平修德积善，秉性纯良，行谊高洁，品诣端方，勤俭持家，躬耕乐道，创业置家，无一玷污于世矣。今兹兰桂腾芳散居四房择地于瑶者生生屈指难数，于此皆由祖德之流风也。先祖诣下税业数百亩，并作蒸尝之祀典以为修坟之资费。

从这段记述中不难看出，戈氏族人定居大田之后，专心于"躬耕乐道，创业置家"，而不再做以杂耍为生的江湖人。也正是在这种几代人专注于农业的情况下，才最终有可能"诣下税业数百亩"。而从现有能查的资料以及村庄老人的记忆来看，大田历史上除了有做小生意者，也就是上文提到的戈观清的豆腐档。除此之外，没有人从事其他行业。

> 还有谢万权、何榕水、曾相、戈观清等人豆腐档，还有油炸角、糍糕、凉粉等摊档。[1]

---

[1]《佛冈文史》（第十六辑）.

当然，就传统时期的农业经营而言，主要有两种方式，一种是自耕农，耕种自己的土地；一种是贫农、雇农租种地主的土地或公尝。当然，地主、富农的土地也有两种经营方式，一是租出去给贫农、雇农耕种，用以收取地租，再就是雇佣长工、短工进行耕种。而在各种耕种方式中，地主家依靠长工耕种的土地产量最高。这一方面是由于地主家养猪、养牛较多，又有长工进行积肥，所以土地的肥力高，产量自然也就高；另一方面，地主也总是将最好的土地留来自己耕种，租出去的土地相对较差，这也是地主家土地产量更高的重要原因。

大田历史上据传也有一个大户人家，但到民国末年时早已经因赌博而没落。中华人民共和国成立前后，大田已经没有地主，土改时只有一个恶霸富农和一个中农而已。大多戈氏族人都是以租种土地为生，或是租种地主家土地，或是租种祖尝。因为耕作祖尝交租相对较少，族人更愿意租种村内的祖田。这也是戈焕新所说的自家在中华人民共和国成立前曾经回来要求种两年祖田的原因。由此推断，当初分配祖田的耕作权也成为宗族自治的重要内容。但是，祖田的数量还是有限的，村里很多人还是要租种地主家的土地。也正是这个原因，村里老人对向地主家交租有着很深的记忆，而且基本是一部苦难的记忆。当然，这种苦难记忆很多时候是将地主剥削与生活困顿交织在了一起。

大田人也有人到地主家做长工，如戈焕新的父亲在"下南洋"之前就曾在石铺地主家做长工。据戈焕新回忆，当时做长工是一件很辛苦的事情，尤其是时间上不自由，即便是新婚，平时也难得回家。

当然，除了长工之外，也会有人雇一些短工来做一些短暂性的工作。在芦洞村陆光林的回忆录中，就有相关的记述：

>>> 第三章 宗族型村庄的经济形态与实态

1948年我18岁了,后母刘北兰说阿林大了要去做工,不读书啦,父亲就不再让我去三八读书了,在家耕田,下造与人合股去挖石塘、担泥、打石。1949年7月至1950年3月我和谢太洪、何名添、戈德辉等帮恶霸富农戈金玉家挖石塘,我们的人工谷在1950年春才去小坑担。

当然,正如前文所讲,大田人在传统时期还有一种谋生的手段,那就是"下南洋"。"下南洋"既是当时东南沿海居民的一种无奈选择,却也为他们提供了一份希望。戈焕新的父亲与叔叔、戈庙强的爷爷都是走向了这条道路。戈庙强的爷爷后来一去不返、杳无音讯,戈焕新的父亲与叔叔则是在吉隆坡娶妻生子,他们在那边主要从事的是橡胶树种植,传统时期的收入自然要高于大田村。

在传统时期的大田村,农业经营中主要有两种基础设施是需要长期经营并修缮的,一是水利设施,二是交通设施。这其中,最为重要的就是水,水是南方水田耕作中不可或缺的。大田又不是一个依河而建的村庄,水资源更成为一个经营农业的限制性因素。于是在传统的大田及其周边地区,就形成了一个引水、护水、用水的自治机制,黄文质对此很是了解:

那时候就会有人来张罗成立一个水会,水会就是一个用水的组织。那个水田都是挨着的嘛。您就去把水引回来,谁家用水谁就引到自己田里去。用了你的水就要给你谷子,等谷子熟了的时候,就到他地里去割谷子,割多少是早讲好的。

传统大田对路的修护也是通过"路会"的形式解决,但却是另一种组织机制。李伯庭对这种传统的组织深有体会：

> 路会就是负责修护村里的道路的，以前的道路都是泥巴路的嘛，每年下大雨就冲坏了，要经常修护。那每年大家就会有人出来争会首，你出一斗谷子，他就出三斗谷子，出的最多的就做会首，就负责一年的道路修护的组织工作。路会会首等人的谷子是收不回来的，大家赚的就是个名声，就是个荣誉。尤其是修新路的时候，就像现在一样，那个时候也是会立一个路碑的。

由此可见，路会的运作跟水会还是不同的，水会是一个市场经济行为，而路会则更多的是一个社会行为，中间较少有利益的考量。

但不管怎样，传统时期的农业生产还是以家户为核心的，家户才是最基本的经营单位。而对于大多数农户而言，农业生产都是一个辛苦的过程。陆光临的回忆录中对此有生动的描述：

> 夏收农忙收割时，白天割禾，晚上打谷，我和四妹牵牛拣禾、打禾把，父母翻禾秆，出禾揸，直到深夜两三点才收工。冬天收番薯、芋头，白天割番薯藤，挖番薯；晚上点着松光火，我也跟着父亲斩番薯藤。到了深夜，露天的厅下又冷又大风。收花生时，父母掘，我就扬，吃完晚饭点火摘花生。有时父母种田天黑未归，哥妹俩就睡在厨房门口等父母回来。母亲担炭我也跟着用菜篮担木炭，担到民安的新隆五和锅厂去卖，赚担工，做家用。

这些事情，还都是发生在陆光林12岁读书之前。虽说苦难是更容易记住的，但是还是可以看出当时种田的不易。

第三章 宗族型村庄的经济形态与实态

第五节 宗族村分配形态

传统时期，生产成果的分配也带有很强的宗族共有特点。当然，这其中最为重要的就是公田收益的分配问题。当然，公田收益主要还是用于族内祭祀、修坟、借贷等。

在大田内部手抄本的材料中，有村民戈德华这样一段记述：

> 宗族兄弟叔侄各守祖业，族谷延长可以为修坟之大典已焉哉。新银本每年长年行利息三分规昭前不得借募为由如祖谷蚤东。待至春分日，算清祭祀之外尚余银多少，付族长买肉备祭期定清明前一日担至坟营照丁分。祭肉多少规定照丁均分，不得持家持强挟众混争伤和。

由此可见，一方面，传统时期大田的祖尝每年的收入除了祭祀、修坟等开支之外是按人丁数目来分的。虽然中间也会有争执，但基本规矩是这样的。另一方面，大田传统时期的这些公尝分配是由族长组织的，但是又会有基本的规则，这些规则也是不以族长的个人意志为转移的。一旦族长违反了这些基本的分配规则，各族各房甚至会动议重新选举族长。

从传统的记述中也可以看出，大田的公尝并未用来助学，这也是大田教育不兴的一个重要原因。据戈焕新回忆说：

> 当时人家高岗、迳头、烟岭那几个镇的，人家是用太公田供有

出息的孩子读书，所以那边读书的孩子就很有劲头，很有读书的一个氛围。你看解放后，人家出来县城工作的就多，现在三个地方在县城的应该占了大半。解放后那时候我们在县城学习，人家还是重视教育的，村里人省出米来供子弟读书，我们那时候一天是2两米，人家就有4两米。龙南、水头这些地方就不行，对教育重视不够，出人才也就少。

所谓"十里不同风，百里不同俗，千里不同情"，祖尝的功用在不同地区是不同的，不能用华南等大的区域概念来划分，而是更多地受到更小区域范围内的小环境的影响，存在着更细微的地区差异。

当然，在大田村，祖尝还有一个重要功能就是纳税。这一功能在可查的村庄材料中也有明显的线索。

此处明显提到了"税业数百亩"，虽然村中老人已经没人说得清当初的税收关系，但是依旧可以看出村中祖尝在纳税方面的作用。另外，在档案局中大田民国36年的官司记录中，也有线索可循：

> 承先祖父遗嘱均指定为各太祖每年春秋二季祭祀之需。原告人为各太祖之值理已数十年，所有尝田租项均照常批耕，管理收支无恙。不料同村被告歹侄林相立心不轨，觊觎祖尝，于去年一年欠租谷十余石延不清交，以致应缴地税至今尚未完纳。

控诉书所言是否属实暂且不论，可以看出的是，族人耕种尝田之后的租谷缴纳影响了地税的缴纳问题。由此可见，尝田是担负了纳税功能的。而在戈林相、戈邦基的辩诉书中，对此有更为细致的描述：

> 查被辩诉人戈邦基庭供谓民等耕管各太祖之田全未缴纳地税等

语，尤见其好事，并可证明其非值理。查民等太祖戈陆全、戈锡荣等地税早已经缴纳，自有政府发给收据为凭。

从这些材料中，还不能明确地得知尝田是否承担着全村的税收。但从大田村的尝田构成情况看，尝田并不都是全族共有，而是散布在各房各支当中，如此一来，尝田承担全村税收的可能性较小。但是，尝田也要纳税是可以肯定的，而且尝田的税收并不是由耕种者缴纳，而是在租金中统一支付的。

第六节　宗族村消费形态

传统时期的大田村经济较为落后，尤其是民国末年，整个大田村处于重建之中，每个家庭几乎都是从零开始。因此大田的消费水平也是很有限的，吃穿住行都较为清苦。在这方面，周围其他村庄情况可能稍好。

中华人民共和国成立前的大田多数家庭，吃饱饭都是一件十分奢望的事情，木薯等是村中老人共同的童年记忆。当然，传统时期的生活困难首先归因于当时的生产力低下。当整个社会的物质生产水平较低的时候，对资源的垄断能力就更能决定他的社会地位。因此，当时的贫富差距看起来也就更明显。当然，这是从这个里水或者龙南的角度来说的。但是，不可否认的是，即便是地主家庭，当时的生活水平也是有限的。戈焕新对此记忆犹新：

那个时候的地主其实也没有现在吃得好。地主家吃饭都是男女分开的，男人们一个桌吃，地主婆们一个桌子吃。男人的桌上就好一些，顿顿都有肉菜。但女人们就不一定的，有时候肉都没有的，那你看现在村里面家家户户都天天吃得上肉呀。

当然，对于普通农民家庭而言，肉菜就更是难得一见了。也正是这个缘故，每年清明节时候分猪肉的情景成为全村人最美好的回忆。陆光林的爱人也是大田人，就是戈国星的姑姑，她对此很有感触：

> 那个时候哪有肉吃呀，即便是过年，也只是平时养几只鸡，等到过年的时候杀了吃。猪肉是很少的，家里养头猪要养一年多，然后是要拿来卖钱的。我们家那时候养了一头猪，好不容易卖了换了钱，结果没过多久那个钱就不用了，我们家白白扔了一头猪。

肉食且不说，基本的米饭也是不够吃的，一年到头吃的更多的是红薯、木薯等，而且遇到灾年，就会面临断粮的窘境，迫于无奈就只好借粮，而借粮就意味着高利贷，是很难还上的。当时的蔬菜倒是还好，每家都有自家的菜园，可以到山边去开垦小块的土地作为菜园，自给自足。水果对于那时候的大田人而言是一个十分陌生的概念，基本上没有什么果树。

传统时期的大田村吃"大锅饭"的机会是比较少的，这主要还是因为经济上的限制。但遇到结婚、生子等喜事的时候，家境较好的人家还是会宴请族人。参加宴席的都是村里的当家人，也就是每家每户的成家男人，他是家里的代表。父子不分家的就是父亲去参加，分了家的则每家各派出自己家庭的代表。也有人会带着孙子辈的孩子去参加宴席。但考虑到各家的经济都比较紧张，带着孩子参加宴席的较少。宴席的筹办由本房本支内的近亲帮忙完成，大家基本上是相互帮工，帮工并没有筹劳，只是多吃几端饭而已。生子的喜宴请客的范围则是可大可小，很多家庭会缩小请客范围，只是在本房内请客，而不是全村。

传统的小农是一个封闭的个体经济，在经济上大多都是自给自足，对市场的依赖程度较低。家庭生产生活之需基本上是内部解决。

穿的都是自己做的衣服。衣服多是麻布衣服，搓麻、纺线、织布等手艺都是在婆媳之间一代代的传承。戈国星的老奶奶就是自己坚持给家人做衣服，这一手艺却在他奶奶的那一辈开始失传，戈国星的姑姑至今还记得小时候陪着奶奶纺线的情景。

住的都是自己盖的房子。传统时期盖房的所有建筑材料都是自己准备的，房梁等都是兄弟帮忙到山上砍树拉回来的，土坯也是自己做的。当然，部分墙体本身就是夯土墙，只需要准备好较好的夯墙沙土。正式盖房子的时候还是需要请人帮忙，中间的一些技术环节还是需要有建筑手艺的人来完成。

传统时期的很多日用品也是以农民朴素的智慧来解决。如夜间的照明，洋油是普通农家难以解决的。大家就到山上砍一种较细的竹子，回来后砍成一段段浸在水中，再晒干之后就可以当火把或者说蜡烛用，一家人吃一顿晚饭一根小"竹子蜡烛"就够了。

当然，很多家庭的日用品还是要以市场的方式来解决，如一些生产用具的打造等，大田人还是要到三八圩去买卖。

第七节　宗族村继承形态

继承关系是中国乡土社会千百年来的重要维系机制之一，直至今日还依旧发挥着重要的作用。传统大田村的继承主要是公产的继承与私产的继承，而公产的继承其实也是源于私产的继承，正是因为私产继承中的巧妙安排才产生了公产，才有了公产的承继。

在传统时期的大田村，最重要的公产就是公田，公田也是维系整个宗族共同体的重要纽带。而公田是从何而来的呢，毋庸置疑，公田最初也是源自私田。

不难看出，到民国36年，村中尝田还比较多，但是这些尝田却不是一个先祖留下的，既有始祖戈明汉留下来的产业，也有之后的几代先祖的尝田。遗下尝田的先祖不同，尝田的受益人自然也各不相同。那为什么会有尝田这一共有产权呢？这还与大田一带的分家传统有着很大的关系。

据介绍，以前分家的时候，最重要的就是房子和土地。分土地的时候，几个兄弟相对均匀的分开，但是老两口都会留一份田，叫作"吃口田"，也就是老两口吃饭的田。能干活的时候就自己耕作，不能耕作的时候就谁耕作谁给租金，老人家靠这个租金过基本生活。等两个老人都过世后，这些田就用来公用，主要用作先人的祭祀之用，长此以往，也成为了太公田，也就是公尝。

由此看来，公尝的分布也就像族内各房各支的分布一样，是散落在各房各支之中的，不同的区域范围内有不同祖先遗留下的尝田。而每一个祖先或者几个祖先遗留下来的尝田都由不同的值理在管理，从而又形成了不同层级的自治机制。

由此，大田村像其他传统村落一样，在"吃口田"的基础上发展出了"太公田"，有太公田也就有了宗族共有财产的继承问题。大田村公田的继承权问题较为包容，这也与大田的历史发展有很大关系。民国15年的灾难之后，大田作为一个村庄的再次重建经历了三五十年的时间，在这个过程中，大田村对于所有戈氏族人存有一种最大尺度的包容。在这个方面，在很多方面饱受争议的恶霸富农戈金玉还是得到了黄文质的肯定：

> 他那时候就是村里的管事人，他当时还是做了个好事。那就是大田人，姓戈的无论是谁回来了，都有房地，都在公尝中有一份。

其实黄文质说的也不全面，从可以确定的信息中可以看到。一是只要是戈氏族人，无论居住何处，都有回来耕种尝田、分配公尝的权利。戈绍焕一家当初住在石铺村，也可以回来要求耕种尝田，每年清明节，他们也是与其他家庭一样参与分猪肉。当然，公尝所担负的借贷等功能他们也是同样可以分享的。二是外出人员的老屋地一直都还在，他们随时都可以回来盖房子。当然，戈焕新一家回迁的时候已经是人民公社时期，土地制度与分配制度已经截然不同。当时他们回迁的时候大田生产小队还是开会讨论了的，但最终也还是接纳了他们。

如上文中所说，在传统时期，分家最为重要的就是分房子与水田。传统时期的分家是大事情，在大田村一般都是均分。正是这种均分的需要，大田人盖房子的时候就非常有特点，老房子的格局是两边对称的，方便于分家的时候房子的分割。当然，对于小户人家而言，房子只可能一分为二，有更多的孩子就需要盖新房子。水田的分配则简单一些，在留足"吃口田"之后，根据儿子的数量进行均分。因此，传统时期的小户人家一方面是期待人丁兴旺，但是这也带来了一个不可避免的后果，那就是儿子多了之后，家产就会"儿子越多分得越少""儿子越多分得越穷"。

大田村分家中有一个非常有意思的事情，那就是主持分家的并不是宗族内部的族长等人，而是舅公。"天上雷公，地下舅公"，舅公在一个家庭中也是占了重要的位置。分家的时候都要将舅舅请来主持，前来见证。在舅舅的主持下，会签好分房簿子等凭证，分家就具有很高的制度性与正义性。现在的大田人已经很难讲清为什么在宗族社会中分家时最权威的不是族长而是孩子的舅公，大家只知道这是老祖宗遗留下来的老理。也有人指出，分家最为重要的就是公平，舅公平时不与外甥们生活在一个村子里，彼此之间利益牵扯较少，能够更加的秉持公平，这或许也是目前一种比较能自圆其说的解释。

家里没有孩子的族人过世之后，一般会在亲近的侄子之中形式性地过继一个人顶替儿子在葬礼上的一切礼仪，这个侄子也就有了合法的继承权。当然，传统时期的情况也是多样的，尤其是在有女儿没有儿子的家庭，女儿继承还是侄子继承有时候就会发生矛盾，尤其是当侄子没有尽到赡养义务的情况下，女儿们对侄子继承的合法性就会提出质疑。

<<< 第三章 宗族型村庄的经济形态与实态

第八节 宗族村经济变迁

中华人民共和国成立之后，从"土改"到"人民公社"再到改革开放，大田经历了一个快速变迁的过程。中华人民共和国成立之后的土地改革让大田人再次分得地主土地，大田土地占有大幅提高。土改之后是农业合作化运动。佛冈县1953年春土改复查完成，土改结束。接着，1953年下半年就开始发展互助组，1954年开始成立初级社，1955年开始建设高级社。到1956年下半年，全县开始把初级社转变为高级农业生产合作社，取消土地分红，实行按劳动工分分红。到1957年初，全县有高级社205个，入社农户29546人，占总农户的95%以上，基本完成了对农业的社会主义改造。[①] 至此，农村土地关系也就发生了根本性转变，由个人私有转变为集体所有。1958年10月底，水头、石角、龙潭三个乡成立佛冈人民公社[②]。自此，大田进入了20多年的人民公社时期。土地归集体所有的土地制度自1957年后直至今日仍然没有发生转变。

佛冈人民公社体制实施之初，也经历了数次体制变革。一开始人民公社时期实行半军事化管理，推行组织军事化，在公社以下设营、连、排。1958年12月又改为管理区、生产大队、生产小队。1959年下半年，按照中央《关于人民公社管理体制的若干规定》，贯彻三级所有、

---

① 佛冈县地方志编纂委员会. 佛冈县志 [M]. 北京：中华书局，2003：227-228.
② 佛冈县地方志编纂委员会. 佛冈县志 [M]. 北京：中华书局，2003：225.

队为基础的管理体制，即分为公社、管理区、大队三级所有，以生产大队为基本核算单位。1961年5月，全县进一步调整了公社规模，取消了管理区机构，实行公社、大队、生产队三级所有，以生产队为基本核算单位。全县调整为12个人民公社、247个生产大队、2268个生产队，同时给农民划分自留田。自此，公社体制基本稳定了下来，直至1983年12月人民公社解体。①

人民公社体制实施伊始，大田村分为大田一队、大田二队两个生产队，现瓦田寮村民小组村民当时分别划到了两个生产队中，直到1969年，两个生产队才合二为一。当时每个生产队设队长、副队长、保管员、会计员、出纳员与计分员，生产队干部实行固定工分。据1967年开始做计分员的戈德甲回忆，当时队长、副队长一个月是250个工分，其他人员一个月150个工分。而据当时曾在公社担任过领导职务的陆光林回忆，当时的大队干部也是工分制的，大队书记一个月300个工分。整体而言，由于当时生产落后，农业产出低，又加上粮食上调任务多，农民生活水平低下，大田村内三分之二以上的都是超支户。而人均一分的自留地大多都是用来种植红薯、猪草等供养猪所用。佛冈于公社后期在龙南试行"养猪—积肥—种田"一条龙，并大力发展长毛兔，大田村是当时的先进村，曾经有农业部等领导前来考察。但是，这些对于解决大田人的生计问题都没有产生大的裨益。

人民公社解体之后，大田村分田到户，实行家庭承包经营为基础、统分结合的双层经营体制，农村土地的所有权与承包经营权分离，所有

---

① 佛冈县地方志编纂委员会. 佛冈县志 [M]. 北京：中华书局，2003：229.

权仍归集体也就是经济社（后来称"村民小组"）所有，承包经营权归农户所有。据戈北燕回忆，大田村在分田到户的过程中，先是划出十多亩的自留地，用来每年发包。所得收入用于村庄公共支出。其他土地按人口分田到户，并且每五年按照人口再调整。同时，村庄在保留部分公山的同时，划分自留山。公山所种树木、竹子的收入归集体所有，自留山为各家各户经营。自留山自1983年划定之后至今并未调整，山地在家族内部世代继承，也正是因为如此，村中女子外嫁近30年，村内却还有自留山在，而却早已经没有了水田。大田二轮土地承包的时候，村里人不赞成留太多的自留地，自留地减到了六亩多。

分田到户很大程度上解放了农村生产力，大田村民的劳动热情与经济状况迅速提升。但是，分田到户的过程也是分任务与负担到户，公粮按量分到经济社（村民小组），经济社再根据不同水田肥力与产出能力分到各家各户，或者说是将公粮任务分到了每一块水田上。据记载，2002年大田村民小组粮食总产量60231.5公斤，公粮任务总量为6422.5公斤，每公斤产量缴纳公粮0.1066302公斤。由此，大田再根据每家每户每块土地的产出情况将公粮任务分到各家各户。在此举一户缴纳公粮的计算方式（表3-4），从这户人家的公粮缴纳表可以看出，村内每家每户的水田十分分散，区区三四亩水田都是分为了七八块，而每一块水田的肥力是不一样的，这既是土地零碎化的原因，又是缴纳公粮的依据。

表3-4 戈绍明家（8人）公粮缴纳情况表

地段	面积（亩）	平均产量（公斤）	总产量（公斤）	公粮量（公斤）
桐油头	1.43	500	715	76.2
佛仔	0.56	350	196	20.9
山脚下	0.39	350	136.5	14.6
钳口圩	0.19	500	95	10.1
鲤鱼龙	0.62	425	263.5	28.1
瓦田寮门口	0.70	425	297.5	31.7
秧石脚	0.62	350	217	23.1
补分	0.37	350	129.5	13.8
合计	4.88	420	2050	218.6

表中所示，大田人每年粮食的十分之一多要无偿上缴国家，这即便与历史上相比，也已经是很重的负担了。而问题的关键在于，农民的负担还不只是公粮。还有统筹粮、余粮、农业税等负担。农民负担重，而农田产出有限，而且有田不种也要缴纳，这就成为很多人逃离农村的重要原因。村民戈绍根、戈木林、戈景春三人当初通过买户口实现"农转非"最主要的也就是逃避沉重的农业负担。如表3-5可见2002年农民主要负担情况表。

表3-5 2002年农民主要负担情况表

农民负担名目	农民负担缴纳方式
公粮	按粮食总产量缴纳，每公斤总产量交0.1066302公斤稻谷，无偿
统筹粮	按人口缴纳，每人缴纳51公斤稻谷，无偿
余粮	按粮食总产量缴纳。有补偿，17元每百斤，市场价大约80元每百斤
农业税	按粮食总产量缴纳，每公斤总产量计款0.0841865元

当然，能迁移户口走出大田的毕竟还是少数，全村只有四人，多是家里有关系的人家。对于大多数农民来说，应对问题的最可行的方法就是外出务工，通过外出务工所得缓解因农业收入差而导致的家庭收入不高的问题。历史的巧合在于，在农民负担较重、农业收入较低的时代，务工潮兴起，大量农民走出农村，开始主要通过打工提升家庭收入。自此，农户的家庭收入比例也开始发生根本性的变化，务工收入开始超过务农收入成为农户最主要的收入。当然，务工经济的兴起也彻底动摇了大田社会的根基，改变着大田人的生产生活乃至文化、政治等方方面面，最为直观的便是夫妻分离与村内常住人口的减少。当然，对于多数大田人而言，外出务工，舍家弃业，这不是一种选择，而是一种无奈。

当然，最初大田人的家庭分工主要是男性在外务工，女性在家持家。但 2000 年前后，砂糖橘种植兴起，大田主要劳动力纷纷回乡，而替代他们的则是家里的妇女，家庭分工在家庭收入最大化的考虑下有了新的调整。当然，这种调整也一定程度上顺应了市场多劳动力需求的转变，40—60 岁男性若无专业技术、若不到建筑工地，单靠进厂打工，已经很难有高收入，甚至难以找到工作。但是随着珠三角经济的发展，尤其是老龄化的发展，其对家庭保姆、医院陪护等人员的需求不断增长，而 40—60 岁女性正好是最佳人选，而且这一行业工资待遇较高，是同龄男性外出务工收入很难比拟的。家里砂糖橘种植收入高，外面务工收入高，这样的家庭分工也是符合家庭收入最大化的最佳组合与最优考虑。但不管是怎样的家庭分工，这都意味着家庭的分离，都意味着留守与漂泊。

这样的家庭分工调整的一个意外效果是村庄主要劳动力的回归正好

让村庄公共事务的力量重新充实，回归的人们不仅弥补了家庭主要劳动力的缺失，也让村庄重新有了顶梁柱，让村庄重新有了脊梁。也正是在这一背景下，2002年，戈国星与戈志流替代年老的戈德甲、戈北燕出任村民小组的组长、副组长。接着，为了能够筹资修两条村道，大田将自留地一次性发包20年，费用一次性交清，公山也借着种植砂糖橘的契机大量对村民发包。几乎与此同时，大田将后山后面的山谷租给广州商人，租期30年，每年租金两千多元，再加上山地等租金收入，大田就主要是依靠每年的五千多元集体经济收入维持公共开支。也正是在21世纪之初，大田开始了十数年的砂糖橘种植。但是砂糖橘种植来得快，去得也快，随着砂糖橘黄龙病肆虐，砂糖橘种植还未给大田人带来利益就已经开始走向衰落。

2013年，被确定为新农村试验区的试点村之后，大田面临着新的发展契机，为了统一发展现代生态农业，推进农业的规模化与产业化。大田重新将分田到户的土地流转到大田经济合作社，然后租给广州华琪生物有限公司，推进华琪生态村项目，发展现代生态农业与乡村旅游业。自此，大田人已少有耕种水田者，除了少数人进华琪生态村打工转变为农业工人之外，其他人或是外出务工，或是在家打零工，再或赋闲在家。大田土地属性再次转变，土地所有权、土地承包权、土地经营权三权分离。崭新的农业经营模式在大田逐步形成，美好的现代农业前景在大田正在呈现。

第九节　宗族村经济实态

如今的大田村，已经是一个经历了一个从 2013 年开始的农村综合改革与新农村建设试点村之后的大田村。在经历了一个两年多的跨越式发展之后，大田的集体经济得到了长足的发展，整个集体经济制度与农业经营体制也进行了一系列的创新。如今的大田村，虽然还未能完全走出传统的农村集体经济体制，但是显然大田已经走在了现代化的路上，成为整个新农村试验区最为耀眼的明珠。

一、大田经济制度

与全国其他地区农村一样，大田村现有集体经济体制是人民公社体制的一种延续。人民公社体制解体后，大田实行家庭承包经营为基础的双层经营体制，每五年就按照人口重新分配土地，并未贯彻过"增人不增地、减人不减地"也就是"土地承包经营权 15 年不变""三十年不变"的政策，并采取"按人所有"的分配政策，还是典型的集体经济体制。新农村建设过程中，虽有打破传统集体经济体制的努力，却终因大田村民的抗拒而作罢。

大田的集体经济首先是建立在农村土地集体所有之上。大田域内所有的水田、山地、水塘都归大田集体所有，也就是大田经济合作社所有，农民只有承包经营权却没有所有权。2013 年底，在新一轮的土地流转整合中，本来政府层面的制度设计是先进行土地确权，然而在土地确权的基础上将土地流转回大田经济合作社，再由大田经济合作社与外来资本合作，发展现代农业。但是，这一制度设计却遭到了村里大多数人尤其是大田理事的反对，他们还是认同"按人所有"的制度设计，还是认同"生为大田人就该有一份田"的传统逻辑。大田水田最终还是流转到了经济合作社，并将其中213亩以800斤稻谷每年的价格租与华琪生物科技有限公司，华琪生物科技有限公司另外每年再缴纳30000元到大田经济合作社作为集体经济收入。每年的地租所得基本上是以当年的人口数分配到各家各户。

大田村分红人员确定办法

1. 嫁入大田村的媳妇，属农村户口的，今年嫁入大田，第二年就参与分红；嫁出大田的妇女，今年嫁出，第二年就停止分红。

2. 嫁入大田的媳妇，非农村户口的，不能参加分红。但如果转为农村户口，第二年可以参与分红。

3. 属于农村户口，是戈氏的儿童，不管是非超生的儿童，还是超生的儿童，都可以参与分红。

正是在这一分配制度下，每年大田经济合作社从大田所得水田租金，均会在扣除六亩多已经发包到户的农地的租金之后，全部按人口进行分配。大田集体经济最终未能按照现代产权理念进行改革，最重要的原因还是在于大田人传统的共同体意识。在他们看来，生为大田人，就应该有一份财产权利，而大田村也有义务承担这样的责任。当然，对于外出者，大田村也认为那是对集体经济成员资格的一种自动放弃，不应该参与分红。宗族社会中公田、公山等公共财产养成的公共意识成为这一思想的底色,尤其是人民公社 26 年的历史更是强化了农民这一朴素的平均主义思想。当然,就像大田人说的那样,不只是大田,"增人不增地,减人不减地"或者"股权固化"在周围任何一个村庄都是不可能实现的。他们也知道珠三角地区是股权固化的,但是他们坚持认为在大田这是不可能的。即便是生有三个女儿而并没有儿子的戈绍否也坚持要走"平均主义"的路线,作为理事的他理由很简单,大田土地整合之所以如此顺利,最大的关键点就在于人多地少的家庭支持他们,帮助他们在舆论上压制了不同意者的声音。由此也可以看出,在村里,"按人所有"的制度坚持占据了道德的制高点,是天经地义的;而"按份所有"的考虑则往往被认为是不道义地对私利的维护,虽有人支持,但是很难发出共同的利益诉求。正是因为如此,大田拿到第一笔土地租金后,在县领导苦口婆心做了一晚思想工作之后,还是在第二天早上就通过银行转账将口粮款打到了各家各户的银行账号。具体见表 3-6。

表 3-6　2015 年大田村民每户口粮款名单

姓　　名	人　　数	金　　额
戈庙强	5	4500 + (田租) 794 = 5294 元
戈坚强	3	2700 + (田租) 1337 = 4037 元
戈绍荣	4	2989 元
戈金田	4	3600 + (田租) 542 = 4142 元
戈武福	9	8100 + (田租) 403 = 8503 元
戈木林	6	5400 + (田租) 1677 = 7077 元
戈金连	3	2700 元
戈绍甜	11	9900 元
冯清梅	4	3600 元

续表

姓　名	人　数	金　额
邓成银	7	6300 元
陈成华	6	5400 元
陈　妮	4	3600 元
戈荣基	7	6300 元
戈忠苏	4	3600 元
戈庙其	6	5400 元
戈绍红	4	3600 元
戈谷钱	6	5400 元
戈金明	3	2700 元
……	……	……
合计	285	264242 元

二、大田集体资产

作为一个传统的农业村落，大田的集体经济固定资产较少。在新农村建设之前，大田村固定资产只有村里的两套公屋，一间为村里五保户居住，一间作为村里开会的地方，除此之外，大田再没有什么值钱的固定资产。在新农村建设的过程中，大田新建了文化室、75 间杂物房、篮球场、体育广场、亮化系统等，大田周围还新种了很多较为名贵的绿化树，大田村固定资产大幅提高。具体见表 3-7。

表 3-7　2015 年大田村集体固定资产统计表

序号	资产名称	资产数量	序号	资产名称	资产数量
1	文化室	1 栋（405 平方米）	13	1.5 米圆餐桌	15 张
2	公屋	2 栋（260 平方米）	14	八仙餐桌	8 张

续表

序号	资产名称	资产数量	序号	资产名称	资产数量
3	杂物房	75栋（1125平方米）	15	红胶椅子	150张
4	篮球场	1块（759平方米）	16	长木板凳	32张
5	乒乓球台	2套	17	餐具	1套
6	狮头	1套	18	铁斗车	2台
7	健身器材	10件	19	自来水塔	1座（70立方米）
8	污水处理系统	1套	20	图书室书籍	1批（约2000本）
9	办公桌	5张	21	儿童活动器材	1套（书柜、书桌）
10	图书书柜	4个	22	电热水壶	2个
11	资料铁柜	1个	23	坐地风扇	6台
12	会议桌	5张	24	电视机	1台

三、大田集体经济

　　大田村集体经济收入主要由水田租金、文化室租金、杂物房租金、山地租金、鱼塘租金等共同组成。村庄除了来自华琪生态村的每年30000的固定收入之外以及文化室出租金9600元、山坳租金2060元之外，其他收入多是向村民竞价承包水田、旱地、山地的租金。当然，大田经济合作社现在正在筹划的还有两个经济项目，一是将村庄北侧公山整体对外发包或者是自己开发，做乡村旅游业，每年租金保守估计也有万元以上；二是再次流转整合杂物房，与华琪生态村合作进行灵芝种植，也会进一步增加集体经济收入。当然，因为大田村是新农村试点村，近年来也会有一些非固定收入，主要是县领导、各级机关给的一些补助，这些收入或多或少，又不持续，而且是特殊时期的特殊收入，在此就不再一一列举。具体见表3-8。

表3-8 大田村集体经济收入一览表

序号	项目	金额	序号	项目	金额
1	文化室租金	9600元	16	戈润球山地租金	250元
2	杂物房租金	1440元	17	戈文通山地租金	200元
3	山坳租金	2060元	18	戈北燕山地租金	30元
4	温氏猪场	170元	19	戈绍波山地租金	50元
5	戈庙其水田租金	30元	20	戈谷钱旱地租金	50元
6	戈武福水田租金	700元	21	戈海南旱地租金	150元
7	戈浩贤水田租金	180元	22	戈金锐旱地租金	20元
8	戈德甲水田租金	550元	23	戈志流旱地租金	10元
9	戈坚强水田租金	120元	24	戈德甲旱地租金	20元
10	戈松木山地租金	85元	25	黄昌娇旱地租金	10元
11	戈庙其山地租金	460元	26	戈绍否旱地租金	10元
12	戈榕根山地租金	50元	27	戈武福鱼塘租金	50元
13	付宏军山地租金	700元	28	戈林欣鱼塘租金	500元
14	戈银花山地租金	120元	29	戈新金水田缴纳金	300元
15	黄树清菜园租金	100元	30	华琪生态村	30000元
合计					48015元

大田村集体经济收入现在主要还是用于公共事务支出，部分资金会贴补到华琪生态村的土地租金中进行统一分红。从大田村2015年1—3月份集体经济支出一览表中可以看出（表3-9），大田支出主要是用于村内公共事务以及公共设施的修缮。当然，2015年第一季度也是春节前后，大田公共开支也高于平时。但从一览表中也可以看出，除了村庄

公共事务开支之外，大田也有一些费用用于接待，这主要是新农村建设之后，作为县里的明星村，很多领导、记者等前来考察、座谈、采访时的村民误工费。

整体而言，在大田村的账本记录中集体经济2013年结余40137.1元，2014年集体经济收入与土地租金共343702.5元，2014年集体经济支出与土地分红共320587元，2014年集体经济收入结余63252.6元。

表3-9 大田村2015年1—3月份集体经济支出一览表

序号	项目	金额
1	兰先、良杜搞环村卫生	80元
2	误工（接待清远市委领导）	120元
3	汇款手续费	5元
4	理事参加农业科技培训费	160元
5	误工（2014账目结算）	200元
6	人名牌	85元
7	戈国星到县办理路灯合同结算开支	30元
8	德甲到球场晒谷配合县领导照相	40元
9	戈北燕管水员2014（10—12月）工资	100元
10	误工（戈国星、戈绍否、戈坚强到镇政府办理2015年租金）	200元
11	里冈文化室入伙	500元
12	误工（戈绍否到镇政府办事）	80元
13	购路灯反光纸	450元
14	误工（戈坚强到镇政府办理田租转账）	90元
15	表格打印、复印（用于田租转账）	47元
16	篮球服（12套）	926元
17	2015年人口分红285人	2978元
18	误工（处理2014银行对账）	120元

续表

序号	项目	金额
19	庙其支付排污管2条，每条50元	100元
20	村主任工资（戈国星）财务工资（戈坚强）村主任工资（戈绍否）	2300元
21	大田对联、炮仗、红纸、茶叶	465元
22	戈耀芳、戈绍银、戈京玲搞祠堂卫生、除草	240元
23	2014年理事会误时、误工补助（8人×100元）	800元
24	学锣鼓开支	49元
25	搞环村路、文化室卫生（戈社会、戈宏年）	160元
26	2015年初一活动开支	978元
27	戈国星、戈志流、戈绍否、戈坚强搞文化室卫生、接待	160元
28	戈志英、戈社会搞卫生（祠堂、文化室周边）	160元
29	安装文化室大门餐费、车费	670元
30	移植樱花、桃花树人工	200元
31	矿泉水12瓶（接待县财政局领导）	24元
32	戈绍否、戈坚强到镇政府运资料柜	50元
33	大田村购买撒可富2包	330元
34	大田村购买沙一车	550元
35	除草、施肥（绿化树、草坪）修剪	200元
36	配文化室锁匙3套	15元
37	购买村民红砖（修环山沟）	420元
38	购买怡宝矿泉水	24元
39	配文化室锁匙2套，竹扫把2把	40元
40	水泥1吨（修杂物房旁边）	385元
41	人工（种秋风树、樟树苗）	200元
42	复印路灯材料17份	17元
43	打印大田村清洁合同2份	10元

续表

序号	项目	金额
44	人工（细镰铺环山水沟及化粪池）	1000元
45	人工（戈庙强、戈荣基铺杂物房、护屋基围墙）	1100元
46	付铺岭村曾水宏旱地2亩	60元
47	购草药	180元
48	购喷雾器	230元
49	购草药	30元
50	购草药	45元
51	购草药	180元
52	配文化室锁匙5套	25元
53	接待省农办领导误工费（戈志流、戈国星、戈绍否、戈坚强）	160元
54	做不锈钢机顶盒托架	70元
55	购花生、雪碧	24元
56	水泥2吨（铺环山水沟、杂物房基围）	370元
57	戈绍志调路灯	25元
合计		18257元

四、大田农业经济

新农村建设的重要内容就是要在产业上实现突破，打造现代农业产业，这也是大田新农村建设最基础、最核心的部分。土地整合也是清远市的整体政策走向，清远市以"三个重心"下移与"三个整合"为核心的农村综合改革中，土地整合就是重要的一环。但是对于土地整合后如何再往前走一步，或者说土地整合为了什么，确有一定的分歧。当时的清远市委书记葛长伟同志以及清远市农业部门普遍认同农民自我的发展，更希望挖掘农村内部资源、激活农民自身动力发展产业。在他们看来，以资本下乡发展现代农业将会导致现代农业发展中的利益多数为外来资本所得，农民难以共享发展利益。但在当时佛冈县主抓大田新农村建设的刘恩举常委却认为，农村内部缺少资本、技术与管理，尤其是市场开拓能力不强。而刘恩举看中的却是靠近广州以及整个珠三角所产生的巨大市场，在他对于大田村的产业考虑中，是第一、第三产业共同发展的美好蓝图。大田首要做的是发展现代生态农业，然后在现代农业的基础上，借助大田村周边良好的生态环境发展乡村旅游业，从而真正实现富村、富民的目标。也正是出于这样的考虑，大田村在现代农业的发展中更加倾向于引进具有共同理念的公司进行开发，由此，大田与华琪生物科技有限公司进入实质性合作。

2013年底，华琪生物科技有限公司将第一笔租金连同土地保证金30多万划入大田经济合作社账户。2013年底，第一批油菜花种子也种了下去，多达150亩左右。第二年春天，第一季的早稻开始种植。当然，华琪生物科技有限公司并没有将所有水田都种植水稻，而是根据每一块地的秉性，种植了水稻、花生、蓝莓、葡萄等作物，2014年下半年还大棚养殖蚯蚓与灵芝，并圈养五十多头灵芝猪，从而形成了一个现代农业生产与参观旅游基地。

2014年上半年，华琪生态村项目的第一批稻谷出产，在普通大米市场仅有两三块钱的同时，华琪生态村以中山大学技术种植生产的柯博士米卖到了18块钱每斤，呈现出良好的市场前景。与此同时，华琪生态园的青头鸭也深受市场欢迎，卖出了七八十块钱的高价。大田的现代农业一炮打响。当然，作为一个市场化的公司，华琪生物科技有限公司也看到了新的商机。2015年4月开始，他们在水稻种植已经成功，番石榴、葡萄、灵芝种植已初见成效的基础上，开始利用大田文化室，每周末与旅游公司合作，开发乡村亲子旅游。每到周末，旅游团大巴将游客带到大田，看乡村风光，做趣味游戏，吃农家风味，广大游客反映良好。当然，截止到目前，华琪生态村的项目还在进展之中，其未来发展也还不可轻下结论，但是大田农业经营体制的转变却是实实在在的。

大田引进华琪生态村项目，项目本身的前景几无争议。华琪生态村的产品虽然也有宣传超过品质、噱头重过产品的嫌疑，尤其是其生态农产品的生产只是根据一整套自说自话的生态农业发展理念，而不是一整套与国际对接的检测系统。所谓的青蛙吃虫、鸭子戏水、荧光引蝇、粘纸黏虫等可能有一定作用，也难以完全取代农药的使用。但是不可否认的是，随着经济社会的发展，尤其是广州乃至整个珠三角地区成长起了一个较为庞大的中产阶级群体，这就让生态农产品有了可观的目标人群。不管华琪生态村的产品是否像宣传的一样生态，但肯定是比寻常农产品更值得信赖。而大田的乡村风光、市区居民的经济发展以及城市孩子"只吃过猪肉没见过猪跑"的现实都让乡村旅游业有了发展的契机。

五、大田农户经济

当然，从大田来的情况来看，农村经济的根本不在农业经济，更不在农村集体经济，而在于农户经济。外来资本推动下的农业经济发展的好不一定对农民有很大的帮助，农村集体经济的发展更不意味着农民生活的改善，从根本上关系着村民生活水平的还是每家每户的农户经济，而截止到目前,砂糖橘种植衰落之后农户经济下滑的情况并没有产生根本性的转变。农户经济的问题还在于经历了砂糖橘黄金时代的村民消费水平已经提升,而收入水平却不断减少,从而使得农户的生活压力增大,这也是当前大田村民普遍感觉生活压力较大的最主要原因。

从整体看,大田村民当前外出比例较高,在18—60岁的大田主要劳动力中,外出务工人员占比62.57%,这就意味着村庄进入劳动年龄的村民有六成的人在外工作。当然,如果对这一数据进行具体分析,则会更清晰地呈现大田职业分工的状况,尤其是可以对大田不同性别、不同年龄段的村民从业情况进行较为全面的了解。

在大田村41—60岁年龄段的村民中,男性在家赋闲人员的比重占43.90%,女性则仅占这一年龄段女性的25.14%。在家做散工的比例男性的占17.07%,稍高于女性所占的10.00%。而在外出务工方面,县内务工的男性占比21.96%,县内务工的女性占比27.50%;省内工作的男性则占17.07%,女性则占35.00%。两者相加,大田41—60岁村民外出务工的女性占比62.50%,男性则只占此年龄段男性的39.03%,两者之间有着明显的差距。而这一年龄段的男性在家散工多是上山砍伐桉树,但是因为村里砍树的带头人现在回归家庭带孙女,村里三五个人已经处于半失业状态,而村民几个打散工的女性则都是50岁以上,主要是在华琪生态村打散工,每年下来也有近万元收入。当然,在县内务工的部分人也是每天早晚来回,可以与家人团聚的。男性在本县务工的人中包括4个在华琪生态村工作的村民,也就是戈金水、戈林欣、戈庙强、戈社榕四人,从严格意义上说他们是属于农业工人。在这一年龄段的人员中,男性在家赋闲的农民比重比较高,但是不可忽略的是,他们的所谓赋闲也是家庭分工的一部分。他们在家里面很大程度上顶替了家庭妇女的责任,承担起了照顾家庭尤其是看护孙子、孙女的责任。从本质上讲,在大田每个家庭中,只有分工的不同,没有本质的差别,每一个家庭成员都在为家庭的幸福而做着最大的努力。大田村村民职业情况见表3-10。

表3-10 大田村村民职业情况表

	统计量	18—40岁男	18—40女	41—60男	41—60女	合计
在家赋闲	样本数	1	15	18	11	45
	占比	1.92%	32.61%	43.90%	27.50%	25.14%
在家散工	样本数	0	0	7	4	11
	占比	0.00%	0.00%	17.07%	10.00%	6.15%
县内工作	样本量	16	15	9	11	51
	占比	30.77%	32.61%	21.96%	27.50%	28.49%
省内工作	样本数	29	11	7	14	61
	占比	55.77%	23.91%	17.07%	35.00%	34.08%
读书	样本量	6	5	0	0	11
	占比	11.54%	10.87%	0.00%	0.00%	6.15%
合计	合计	52	46	41	40	179
	占比	100%	100%	100%	100%	100%

在大田主流的就业情况之外,也存在一些特殊的农户,有一些其他营生的门路,主要是经营一些商业与副业生产。当然,对于这些家庭而言,商业、副业才是他们的主要收入来源。具体见表3-11。

表 3-11 大田村商业、副业情况一览表

村民	行业	主营
戈新疆	商业	在龙南街开粮油店
戈林欣	商业、副业	在大田村开商店，承包鱼塘
戈国栋	商业	在大田村开商店
戈伟国	商业	在大田村开网吧
戈佰宁	商业、副业	在大田村加工河粉，养殖生猪
戈德甲	副业	在大田村搞成规模的家庭养殖
戈绍否	副业	在大田村从事捕蛇行当
戈武福	副业	在陂角村经营鱼塘

村中亦有四位老人因早年在外有正式工作而有退休工资，退休工资在2000—5000元每月（表3-12）。当然，老人们的工资用处也各不相同，如戈焕新已经瘫痪5年，工资所得多数用来看病。戈德辉退休工资较低，也是自身常年需要吃药，退休工资基本仅够自己生活所用。

表 3-12 大田村 2015 年退休人员情况表

姓名	年龄	退休前职业	退休工资
戈焕新	80	乡村教师	5000 + -
戈绍炳	70	韶关冶炼厂工人	4000 + -
戈绍针	83	佛冈粮食局工人	3000 + -
戈德辉	81	佛冈食品站工人	3000 + -

在大田村农户问卷调查中大田 113 个务工者，每月 2000 元以下收入者 15 人，占比 13.27%；2000—3000 元收入者 46 人，占比 40.71%；3000—4000 元收入者 33 人，占比 29.20%；4000—5000 元收入者 6 人，占比 5.31%；5000 元以上收入者 13 人，占比 11.51%。大田收入水平最高的 13 人中，一部分是村里有正式工作者，如戈坚强夫妇、戈秒福

等人。当然，在这个群体中，又有一个规模较大而且收入隐秘的群体，那就是大田八位在珠三角的医院中从事病人陪护的妇女。由于陪护工作较为辛苦，且在村里人看来并不风光，所以这八人的收入在村里也很是隐晦。但月均工资在五千元以上绝无问题，甚至有人一年就赚回了十万元之多。因此，她们从事着最辛苦，甚至有些微贱的工作，但她们的收入撑起了整个家。在4000—5000元收入水平的村民则较少，主要是大田近年来毕业的有大学文凭的学生以及具有一定技术的村民。大田外出务工者主要的收入集中在月收入2000—4000元，其中，又以2000—3000元收入者最多，占外出务工人员总数的40.71%。此外，大田月收入在2000元以下的外出务工者亦有15人，占比13.27%。具体见表3-13。

表3-13 大田村2014年村民务工收入情况表

收入水平	人数	占比
2000元以下	15	13.27%
2000—3000元	46	40.71%
3000—4000元	33	29.20%
4000—5000元	6	5.31%
5000元以上	13	11.51%

大田农户收入整体较低，而随着传统小农向社会化小农的转变，农户收入未有明显增长，甚至有下降趋势，而生活消费却不断攀升，大田人的生活压力增大。大田，既面临在经济收入上的"开源"危机，又有着控制生活费用的"节流"压力。

当"开源"不足、"节流"不力的时候，大田村民只能开始借贷。当然，借贷主要是在亲戚朋友之间的民间借贷，而很少向金融机构借贷。一是缺少农村金融机构。大田人日常办理金融业务只能去龙南圩镇的信用社营业部，营业部周一到周五上班，村民存取款还较为方便。2014年新农村试验区在龙塘村搞金融体制创新，成立了农民合作社信用合作部，龙南也因此有了第一个自动取款机。存取款方便并不意味着贷款的方便，大田人贷款因为缺乏资产抵押，很是不便。二是农民本身对于银行借贷有排斥心理。亲戚朋友相互借贷，对于还款日期没有固定的要求，而且没有利息，但银行借贷却压力很大。大田人借贷，一是因为生产生活中资金紧张而向亲戚朋友借贷，二是在房屋建设过程中赊欠建筑材料或者劳务费，多的欠款四五万，少的几千块。2014年，大田村也在土地经营权与土地所有权、承包权分离的基础上，向大田村经济合作社、华琪生态村进行授信。其中向大田村经济合作社授信50万，这就为大田人金融借贷提供了一个渠道。大田金融改革，正逐步得到改善。

第四章

宗族型村庄的社会形态与实态

传统宗族社会是一个紧密的生产生活共同体,在这个生活共同体中,最为重要的就是人,有人才有宗族,有人才能组成村庄。当然,在这个传统的华南社会中,最基本的单位还是家户,整体而言,是一个宗族社会下的家户制。宗族最终还是以家户为根基,家户存在于宗族的各种关系之中。正是因为整个社会带有宗族的特色,整个村庄才因血缘关系以及在此之上衍生出的关系使家户之间有了紧密的联系。又正因为社会的本质是家户制,村庄社会共同体之内才有分化、有矛盾、有冲突。总之,这是一个宗族型的社会,宗族性浸染社会的方方面面;这又是一个家户制的乡土,家户是分析这个社会最好的一把钥匙。

第一节 宗族村社会概况

大田村是一个戈氏单姓村,全村族人均姓戈,正如前文所述,戈氏一族来此定居之后发展较为迅速,甚至后来居上,超越了早于他们前来定居的几个姓氏的人家。但是民国元年与民国15年,大田经历了两次大的灾难，整个村庄被火烧。之后的几十年一直到中华人民共和国成立后，大田都处于一个重建的过程之中。在这个过程中，逃难到周围村子的绝大多数族人陆续回迁到大田，白手起家再建村庄。因此，中华人民共和国成立前一段时间的大田实质上是一个非常态化下的大田，这也是大田个案的特殊所在。如今有档案可查的是民国36年也就是1947年大田村的基本情况，我们对1949年前大田村社会形态的解读也主要是基于这段时间前后的大田的基本社会情况。

戈氏族人在民国36年的一个甲、保、户分布情况（表4-1）。从这个表中可以看出，当时大田村共有25户人家。当然，这份表因为是从当时的户口簿中统计而来，所以显示的只是成年人的资料，未结婚的人的材料并未登记。因此，大田村在1947年有多少人现在无法准确统计。但是从1953年的里水分田分地情况表中可以知道，1953年大田共有人口141人（表4-2）。由此，基本可以大致推断出，大田村在中华人民共和国成立前后保持在100人左右的人口规模。由此可见，大田村在当时的里水乡是一个中等规模的村庄，也是最为普通的村庄之一。

表4-1 戈氏族人保甲分布情况表（民国36年，1947年）

甲次	保次	户次	人员
2	4	1	戈邝氏，戈林相，戈邓氏，戈林氏
2	4	2	戈邦基，戈黄氏
2	4	3	戈德巧，戈陈氏，
2	4	4	戈邦珍，戈刘氏，戈刘氏，戈亚锦
2	4	5	戈邦财，戈丘氏
2	4	6	戈德景，戈黄氏，戈刘氏
2	4	7	戈东水，戈宋氏

续表

甲次	保次	户次	人员
2	4	9	戈金全，戈袁氏，戈德深
2	4	10	戈德志，戈黄氏
2	4	11	戈德彬，戈曾氏
2	4	12	戈德托，戈郑氏
2	4	13	戈德金，戈曾氏
2	4	14	戈德新，戈曾氏
2	4	15	戈绍君，戈陈氏，戈郑氏
2	4	16	戈德怡，戈亚江
2	5	1	戈荣
2	5	2	戈德灶，戈刘氏，戈郑氏
2	5	3	戈郑氏
2	5	4	戈观清，戈观怡，戈刘氏，戈袁氏，戈东安
2	5	5	戈德社，戈德柱
2	5	6	戈邦兴，戈罗氏，戈东石
2	5	7	戈绍全
2	5	8	戈德高，戈西辉，戈郑氏，戈德升
2	5	9	戈刘氏
2	5	10	戈德财，戈郑氏，戈陈氏

表4-2 1953年里水乡分田分地情况表

村名	人口	水田（石）	旱地（石）
陂角	116	49	4
里冈	305	89	1.49
福头	310	87	8.78
炉洞	183	83	5
大份田	141	53.6	0
咸水	174	70.7	0

从大田戈氏宗族的发展来看，中华人民共和国成立前的1947年前后，大田戈国星一脉已经发展到了十三世，戈武福一脉则发展到了十四世。从整个社会发展而言，戈氏族人应该是在清末民初达到了鼎盛状态，这一段时间，村庄经济达到最好状态，教育文化的发展也是空前的繁盛。现在有资料可查的是清末民初人戈振球在清末期间经乡试考取秀才，是当时大田村文化程度最高的人。后来在外地因谋职不就，回家后忧劳成疾，郁郁而终。戈氏十世祖举超公本也是考取了秀才，但是因为家族产业不昌，最后为陂角刘氏人家顶替。后来戈志流的白公再次考中，也是因为家境而落选。但是，不可否认的是，传统时期，只有经济发展到一定程度，教育文化才会发展。由此可见，大田是在十世前后也就是清末民初达到了一个鼎盛状态，之后就因为在宗族械斗中全村被烧而迅速没落，成了周围村庄中最穷困的一个。

第二节　宗族村社会构成

社会的最基础个体便是人，人又出生并成长于家庭之中，成年人通过婚姻又组成了新的家庭，家庭相互联系组成了一个宗族型的社会。由此，人口、婚姻、家庭成为解读一个社会最为重要的基本元素，也是了解一个社会的三把金钥匙。

如上文分析所得，1947年左右，大田村人口在100人左右。而这100多人是指在大田范围内居住的戈氏族人，不包括还尚寄居在周边村庄及区县的戈氏族人。而历史发展到1947年的时候，大田村的一些族人还尚未回迁到大田。像戈北燕一家直到"土改"时才回到大田，住在了陂角村地主家的房子里，戈焕新兄弟两人则是到了1967年才迁回大田，他们也是最后迁回来的戈氏族人。而在此之外，大田族人有两户还是留在了龙塘村，一户留在了石联村；还有一脉几家人远走清远县，现在已经发展到近百人；一脉去了英德市，也再未迁回来。此外，大田还有一个海外支脉，也就是戈焕新的父亲和叔叔远走马来西亚吉隆坡，并在那边娶妻生子，形成了海外支脉。只要是戈氏族人，都是一脉相承，大田村也都承认。虽然清新、英德等地的族人不能年年回来祭拜，但是祠堂修缮等，他们都还会回来捐钱捐物。大田村也允许他们过世后归到宗祠之内。

传统时期的大田村及其周边地区虽没有生育的限制，但由于生活困苦、医疗水平太差，整体的人口增长率较低。孩子生得多，但是活下来的较少。陆光林的回忆录中对此有让人悲伤的记述：

> 我出生在民国二十年辛未年，公元1931年农历九月二十八，听父亲说我排行第二，我还有一个姐姐。母亲共生有六个兄弟姐妹，还有童养媳钟彩英，到最后只剩下我一个人。四妹排行第四，1951年，16岁，因病在床上爬来爬去，说是很多人追着打她，听大人说用禾桶抬着她去大田村张芳波家说是冲洗（假结婚），结果不治身亡。最小的弟弟光润，因母亲去世无法抚养，送给大叔神房家抚养，直到三岁多因患急病抢救无效夭折。钟彩英初生才三个月就到我家做童养媳，四岁时因病无法医治死亡。

由此可见，人口的繁衍、家族的繁盛在传统时期是一件十分困难的事情。当然，对于宗族型村庄而言，更为重视、更为重要的还是男丁，男丁才能继承家产，男丁才能延续香火。也正是因为这个缘故，在传统时期的大田村生一个男丁对一个家庭而言是至关重要的。而相反，没有男丁的家庭压力会很大。现在可以查证清楚的，戈林相祖上本是较为富裕的小地主家庭，但是到了他这一代却已经没落，成了一个贫民。但戈林相却也是一个手艺人，会修手表等小物件。一直困扰他的则是结发妻子一直没有生养。"土改"后，福联大地主黄同合被打倒，戈林相就又娶了地主家的儿媳妇。

没有男丁的家庭也会想一些变通的方法，戈绍甜的老爷爷没有子嗣，就从外面买回来了戈绍甜的爷爷做儿子，后来戈绍甜的爷爷又生了他的父亲，父亲再生两个儿子，现在整个家族已经繁衍开来。此外，村民戈绍炳则是与妹妹一起跟随母亲改嫁到了大田村，在大田也是成家生子。直至今日，这些现象都还存在。在大田村，只要到村里来，改姓戈姓，认大田祖先，祭拜大田先人，那就是大田族人。截至2015年，可查的非戈氏正统血脉的戈姓大田人共27人，几乎占了大田总人口的十分之一，这对于一个宗族型社会而言显然是一个较为客观的数据了。具体见表4-3。

表4-3 大田戈氏非正统血脉人员情况表（2015年）

户主	人数	渊家族源
戈××	3	戈××及其妹当年乃是母亲带着从小潭黎家改嫁而来。现有戈××及其儿子、孙女三人非戈氏血脉
戈××	2	戈××二婚妻子从英德带两个儿子改嫁而来。现有戈××的两个儿子非戈氏血脉
戈××	3	戈××养父无子，将自小失去双亲的广西人戈××认作儿子。现有戈××及其一子一女非戈氏血脉

续表

户主	人数	渊家族源
戈××	4	戈××的老爷无子，买来了其爷爷作为儿子。现有戈××及其儿子、两个孙女非戈氏血脉 （备注：戈××的父亲娶本村人戈××，戈××又娶本村戈××为妻，所以，生理严格意义上说又都属于是戈氏血脉，此处暂且按乡村规矩只按男方论血统。）
戈××	4	戈××与戈××是兄弟，情况相同。现有戈××及其儿子、女儿、孙子非戈氏血脉
戈××	2	戈××妻子（越南）当年带着两个孩子被卖到大田。现有戈××的两个儿子非戈氏血脉
戈××	5	戈××当年跟随改嫁的母亲到大田。现有戈××及其儿子、女儿、孙女、孙子非戈氏血脉
戈××	3	戈××当初随改嫁的母亲到大田。现有戈××及其两个儿子非戈氏血脉
戈××	1	戈××之妻为本村人戈××，戈××亦是当年随改嫁的母亲来到大田。因嫁于本村，是本村户口，特在此一并统计

家中没有男孩的家庭自然承担了较大的压力，但是在宗族正式活动中并没有受到歧视性对待。以戈林相为例，没有男性子嗣的他却依然在1946年被选为了祖尝值理。对于进祠堂等，也没有特别的不公待遇。在大田村，进祠堂的差别只是在于成年人与未成年的区别，未成年人不幸夭折，就只能等家族内有老人过世的时候，才能跟随老人一起进祠堂。而对于村内的单身及没有男性子嗣的老人过世，都可以入祠堂，接受族内后人的祭拜。他们的坟墓也为房支内的子侄牢记，每年清明节都会一起祭拜。

在大田村，虽然男女有别，但在取名的辈分方面却没有差异。倒不是都严格按照辈分取名，而是自民国时虽然多数人还是按照辈分取名字，但是也已经没有严格按辈分取名了。

辈　分

远源于江西辈分：

    明成以志鸾裔锡，文选举经帮。

后于广东吊下辈分：

  德、绍、中、正、世、显、扬，

  和、亲、康、乐、兆、麟、祥，

  英、才、蔚、起、荣、先、业，

  彩、耀、联、珠、庆、帜、昌，

  ……再续

  传统时期大田村婚姻也带有宗族性的一些特点。婚姻是人生中的大事，也是整个宗族内的大事。婚姻是宗族延续的重要基础，但也受到宗族性的一些限制。在婚姻对象的选择上，也并没有严格的同族不通婚的传统，但大多数人还是在周围其他村子中间选择嫁娶对象。当然，相对于今天而言，传统时期受交际圈的限制，婚姻圈的范围也是十分有限的，基本就在方圆几十里的范围之内。对象的选择，在传统时期更多的是听取家长的意见，而非个人的意愿。当然，除了相貌与人品之外，门当户对也是要着重考虑的因素。从整体来看，大田地处华南，宗族社会中的族规相对宽松，婚姻选择大多是家庭内部自由的选择，宗族较少干涉。由于传统时期比较穷困，童养媳也是一个十分普遍的现象。童养媳对于女方而言省却了抚养成人的负担，对于婆家而言则是省却了结婚时的彩礼。戈焕新的叔叔从小就有了童养媳，在戈焕新家长大，只是后来戈焕新的叔叔还未圆房就"下南洋"，后一去不返，并在吉隆坡成家立业,家里面的童养媳也就另嫁他人。

传统宗族型村庄对婚姻还有一定的规制。戈绍新家里兄弟较多,自己排行老四,而且也是读书断字之人,父亲竟然以一句"家里面干吗要娶那么多媳妇"为由没有为他张罗亲事,他最终也是一生单身一人,没有结婚。婚姻的结成带有宗族性,婚姻的解除也带有很强的宗族规制色彩。传统时期的大田村,很少有解除婚姻也就是休妻的现象发生,再婚的妇女绝大多数都是因为失去了丈夫。

人经婚姻组成了家庭,家庭通过血缘远近结成了各房各支,最终连接成一个统一的戈氏宗族。上文也已经讲到,大田开基祖戈明汉和儿子戈成邱以及孙子戈以兴、戈以宾四人来到大田。戈明汉、戈成邱父子二人再未婚娶,戈以兴、戈以宾两人先后成家立业。后来,戈以兴生子志学,志学公再生三子,这一房人就发展兴盛,至今已经有260多人;戈以宾一脉则发展较慢,如今有100多人。由此,在如今大田村,大致形成了三个大房,大房就是来自戈以兴之后的两房人以及戈以宾遗下的一房人。而民国时期发展最好的是戈以兴之后两房中的一房人,也就是戈朝裔、戈锡荣、戈陆全这一房人,这房人内部又分为四大房,也就是在八世祖文发公之后分为四大房,这一个在前面引用的《清理开基祖朝裔公及、锡荣、陆全、文发各祖尝会议记录》中有较为直观的呈现。

清理开基祖朝裔公及锡荣、陆全、文发各祖尝会议记录

时间:民国三十六年农历二月初三日上午十一时

地点:明汉祖祠

出席者:大房:德相、德怡、绍连、刘氏

二房:德彬、德钰、德全、黄氏、黄氏

三房：德品、单氏、罗氏、绍威、曾氏、邦兴

四房：邱氏、邝氏、曾氏

显然，当时各房各自的经济状况是不一样的，四大祖在经过朝裔、锡荣、陆全、文发几代人的发展，达到了一个鼎盛的状态，成为村里的"黄金家族"。直到现在四大家族的后人提起来，还是有一种自豪的情怀。由这样一份会议记录也可以看出来，各房的事务主要还是在本房内以自治的形式解决。当然，当房内矛盾比较大的时候，也会借助于乡长、乡绅以及保甲长等体制性的力量。

第三节 宗族村社会组织

传统时期的大田村除了半体制性的甲长之外，并没有体制性的组织机构。但是大田却有诸多的社会自组织。这些社会组织的一个重要特点就是多样性与多层次性，他们有的是在宗族内部甚至是各房各支之中，有的是超越了村庄的沿水系或道路的联系，分布在社会生活的各个领域与各个层次之中。这些社会组织的另一个重要特点就是他们的自组织性，这些组织都是当时的村民基于生存的需要而自发结成的组织，很少有体制性权力的介入，也没有政府资源的扶持，而是经过长期的自运作形成了一整套的制度与机制。

现在有线索可知大田及其周边地区的社会组织主要由以下几种：

一是宗族自治组织。宗族自治组织主要是解决宗族内部的事务，当然，宗族自治组织也是多层次的，既有全村性的族长等维护全村的经济

社会秩序，又有各房各支内部的自治性组织解决内部事务。如在民国35年的会议记录中就有关于公尝值理选举与任职情况的介绍。从这份介绍中，我们可以看到，它主要的功能是经济方面的，也就是管理尝田的发包、收租及分配等问题。值理由一正两副组成，每年一轮值。这份会议记录甚至也显示出了当时宗族内部的一种民主化走向，房内的经济事务管理并不再是值理的个人垄断与个人意志，而是出现了一种"轮流坐庄"的制度安排。

> 窃我祖朝裔、锡荣、文发、陆全所有遗留田产共八坵共种四斗捌升正，向系分田由各房叔侄耕种，相安无异。近年来房内邦基名下所耕之田应纳租金颗粒不交，以致祖尝收入短少，祭祀堪舆。兹为整理祖尝财产召集各房裔孙等开会讨论，并议决处理办法如下：
>
> 一、朝裔、锡荣、文发、陆全各太祖产除割出分为各房处理外所余共田八坵共种四斗捌升正乃为公家产业，永为祭祀祖尝。
>
> 二、上列各太祖值理即席改选由林相为正理，邦珍、德锦二人为副理。前任值理邦基职务由即日起解除，并由新值理告知。
>
> 三、太祖值理以后每年正月清算交算一次，按照三房轮值充任正副理。

二是农村经济组织。传统时期尤其是民国末年的农村金融受到国民政府经济形式的影响，十分不稳定，货币贬值严重，农民信贷无门。由此，农村自发地形成了一些满足农民经济生活需求的农村金融组织，这个在前面也已经介绍，在此再次引述。其一是实现货通天下的汇织。汇织是当时在清远范围内一些有财力的大户人家之间建立的一种金融组织，他们彼此认可彼此写的回执，任何一个人接受了商户的存谷而开出的回执，都可以到其他地方的组织成员那里领取谷子，这样就免除了商户的运输之苦。汇织组织内部每年年底相互结算，平衡彼此的收支。当然，商户借助汇织的力量也是要缴纳一定的费用。这种汇织组织实质上是国家货币贬值、国家金融机构运行不畅的情况下的一种民间金融组织。汇织组织成员以其财力赢得了社会信任度，这种农村的民间信用显然超越了人们对国家信用的认可程度。大田村旁边福头村大地主黄同合就是清远汇织的重要一环，方便了外地前来三八圩交易的商家。其二是实现了水利通畅的水会。水会是由会头组织会员修缮引水渠道，将水引到农田旁边的水渠之中，谁家用水就要向水会引水，并以谷子补偿。等谷子丰收的时候，水会成员就会到用水农户的地里割一定数量的谷子作为引水工钱。其三是实现了互帮互助的各种借贷会。穷人家里遇到盖房子、娶媳妇等花钱的大事情，就可以组织大家成立一个会，自己做会头，然后向各位组织来的会员借均等量的谷子。以后每年会头都要召集大家开一次会，商议还谷事宜。各位会员报出希望会头还谷子的数量，还谷数量应低于借谷数量，要谷最少者优先得到归还谷子的权利。每年开会，会头都要安排一顿饭答谢各位会员。直至所有的谷子都还完。

三是农村公益组织。农村公益组织主要是针对村内甚至更大范围内的公益事业所成立的组织。如路会、庙会等，他们都是围绕修缮道路、修建庙宇等活动而成立，由出谷最多者做会首，整个活动结束时，会立碑纪念，甚至还会打鼓、舞狮到会首家里送代表最高荣誉的象征物件。乡村社会经济较富裕的人家都会争做会首，为的就是荣誉与尊严。而其他普通村民也会积极参与，尽自己的能力捐款捐物、出钱出力。

以上所说的社会组织都是存在于传统时期大田及其周围的乡村社会

之中。他们或者是一种非正式的常设组织，或者是为某个具体事务而成立的临时性组织。但是不管怎样，他们都在乡村治理尤其是维护宗族型社会中发挥了重要的作用。

第四节 宗族村社会交往

传统时期的大田村是一个对内凝聚性强、对外包容性强的宗族社会，也正是这种内质让这个戈氏宗族能够在盗匪横行的时代延续了下来。

大田对内凝聚性强表现在大田村村内皆兄弟的普遍认知，上文中已经提及，对于进入大田村居住的非戈氏血脉的人，大田人也是一视同仁，视如己出。村庄内部是一个非常具有凝聚力的统一整体。在这一方面，除了上文提到的村中没有男性子嗣的家庭带回来的孩子之外，还有一个重要的例子，就是如今唯一葬在大田水田中的一个异姓的风水师。在大田村东南方的水田之中，大田人拜祭的坛社之侧，有大田唯一一座占用水田的坟墓，戈国星十世祖举超公以下的后人每年清明节皆来扫墓祭拜。此风水师一生未婚，无子无女。戈氏族人感念其寻找"风水宝地"，为其养老送终，并将其视为先人，戈氏后人每年清明节都会前来祭拜。由此可见，在大田宗族内部，有很多具有温情的东西存在，也正是这种基于血缘而超越血缘的温情，凝聚起了整个宗族。

当然，正如费孝通先生在《乡土中国》中所描述的那样，整个大田戈氏宗族在作为一个生产生活共同体的同时，交往的密度又会由宗族向各房各支不断加大，直到小的扩大家庭，乃至家户之中。从整个宗族开始，越是向家户细化，彼此之间的血缘关系越近、文化认同越足、经济联系越多，自然交往也就越频繁。

大田村对外却是一个矛盾的综合体，既有排他性的因素，又富有包容性。排他性当然是宗族型村庄的共同特性。村庄在公田耕作、公尝分配等方面有着严格的宗族界限，同时，村庄还具有对外的一致性，共同应对外部的压力与危机。但是大田的形成有其特殊性，与其他客家村落不同的是，大田始祖迁居大田不是一个有计划的南迁，而是在极度落魄时的无奈之举。也正是这个缘故，戈氏始祖戈明汉祖孙四人在大田几乎是白手起家。原来在此居住的麦姓、付姓人家的接纳并帮助了他们，让他们能在此安居乐业、繁衍生息。由此，他们跟麦姓、付姓人家结下了深厚的友情。麦姓人家后来陆续搬迁离开，而大田戈姓与瓦田寮的付姓至今还是亲密如同兄弟。大田戈氏作为一个较小的宗族，在与周围其他村落的相处上，也是带有很强的包容性与随和性。当然，这也是他们的生存之道。

第五节　宗族村社会分化

传统宗族社会是一个紧密的生产生活共同体，共同体内部有着脉脉的温情，是每一个族人赖以生存的地方。但是与此同时，宗族内部也有着一定的宗族次序，有着不同的宗族地位，宗族内部呈现出一定程度的分化。

传统大田地位的差异主要表现在辈分分别上，不同辈分的人在宗族内占据着不同的社会地位，辈分低的人尊重辈分高的人是一种天经地义的宗族秩序。当然，一般意义上讲，辈分大自然就意味着是长辈。大田发展到今日，在辈分上也仅有一代人的差距，也就是说发展较快的家族也仅仅是多发展出一代人，而对于大多数房支而言，大家的发展速度还是相对均衡的。因此，在大田村，并不存在较为明显的"人小辈大"的现象。大田客家日常的座次上并不十分讲究，不像北方一样很是重视座次排序。但是在祭祖的时候，在公共事务的意见表达上，老人尤其是辈分较高、德高望重的老人具有绝对的话语权，这种长老的话语权传统甚至延续到了现在。当然，就传统社会那样一个经验至上的社会而言，"吃过的盐比你吃过的米还多"是一句很具有真理正义性的话语，村中辈分较高的长者也的确掌握了更多年轻人所不知晓的宗族族规、宗族礼仪以及经验知识。当然，长者之所以成为长者，在于他们的阅历与他们处事的公正，当这些前提不复存在的时候，年轻人也便开始了对权威者的挑战，民国35年到民国36年围绕祖尝值理换选以及祖尝买卖的纠纷就充分地证明了这一点。

当然，村中地位的差距也与经济实力有很大关系。虽然都是搞农业生产，但是每个房支、每个家庭有着不同的发展轨迹，不同的发展轨迹下也就导致了不同的经济发展情况，村中逐渐也有了经济上的分化。当然，就大田村而言，这种分化也是客观存在，但不是十分明显，这也可以从"土改"时的成分划分中看出。但是一个重要的事实就是，民国15年大田村戈氏一族之所以由投奔黄姓势力改为投靠刘姓势力，完全是戈金玉一脉强行逼迫村民就范使然，而当时他们家族之所以有如此能力，就在于他们经济条件较好，他们有自己的枪支弹药，是村里的管事人。而中华人民共和国成立后"土改"时，他们家也成了唯一的一户"恶霸富农"。当然，对于其他人家而言，更大的经济差异可能不是私产的差别，而是公尝的差距，像"四大家族"内部的公尝就比较多，对族人的保障功能就相对较大。也正是因为公尝成了村里很多人唯一可以动心思的田产，才会出现民国36年戈林相、戈邦兴买卖尝田的事情。

在大田村，还有一个提升社会地位的方法，那就是读书并考取功名。有功名的读书人在乡村社会具有很高的社会声誉，即便是一个秀才。大田村至今还传颂着村里几位秀才的事迹，当然有的因为种种原因并未成为秀才，但却仍然受到村里人的尊重，为几代人传颂。在大田周边，则有更多的读书人，尤其是家境较好的人家。戈焕新一家之所以成为书香世家，就是因为在地主家打长工的父亲看到了读书有前途而嘱咐其母亲一定要供孩子们读书。当然，读书能否获取功名也受到家庭经济的影响，大田史上就有考中秀才但因家境不好而被顶替的例子。有钱的人家极力通过供应子弟读书而进一步光宗耀祖，而穷人家的子弟多因经济条件而不得不早早务农。如此一来，社会分化也就愈发的严重了，这种分化的弥合也是很难的。

第六节　宗族村社会冲突

社会分化的加重就有可能社会冲突。到民国时期，大田村内部的社会冲突到了不可调解的状态，大田村外部更是面临着生存的危机。从整个历史发展态势来看，内部危机导致外部毁灭性打击，而经历了大巨变之后的大田也走向了秩序重构的过程。这样一个过程正好又是与近代革命重构的，从而形成了一个大的宏观革命叙事中的宗族社会冲突故事。

　　大田在民国期间的灾难性遭遇最初就是源于宗族内部的冲突，当然，内部的冲突也是与外部的大环境紧密相连的。传统时期大田地处岭南蛮荒之地，自清代以来盗匪横行、械斗不止，而正式体制性权力对此力有不逮。从清朝历史中，可以看出，佛冈地区起义较多，盗匪横行，而官府在与盗匪的斗争中时常处于下风，根本无法为百姓提供基本的安全保障。道光二十六年至二十七年（1846—1847年），英德、清远等地天地会会员千余人起事，与此同时，杨超、冠六等人率所部数千人于韶州、清远等处攻略州县。官府征讨，悉为所败。① 直到五年后，两广总督率万余人进讨方令其逃至佛冈万山丛中。道光三十年（1850年）十月，邱培东聚众数百人占据潖江一带，清远知事马映阶和守备罗璋前往镇压，遭到埋伏，后求救于两岳（佛冈上下岳）乡绅，率乡民200多人分两路夹攻，方将其击败。② 咸丰六年（1856年），候纯戴、陈金缸率红巾军攻打潖江上岳村，花县主事蔚廉率勇入潖江清剿，在汤塘阵亡。③ 由此可见，官府有时候甚至还要借助乡绅的力量剿匪。当然，官府有时候也形同盗匪，劫掠村民。光绪十年（1884年），因下岳争山案，知县罗璋偏断，绅民怒，罗请上派兵弹压，六月大兵至，押绅烧房，抢掠一空。④ 更为严重的是，当时的地方官府甚至都无法有效调节

---

① 佛冈县地方志编纂委员会. 佛冈县志 [M]. 北京：中华书局，2003：23.
② 佛冈县地方志编纂委员会. 佛冈县志 [M]. 北京：中华书局，2003：23.
③ 佛冈县地方志编纂委员会. 佛冈县志 [M]. 北京：中华书局，2003：24.
④ 佛冈县地方志编纂委员会. 佛冈县志 [M]. 北京：中华书局，2003：25.

社会内部矛盾，无法制止村民间的械斗，从而造成了辖区内的失控状态。光绪十三年（1887年），上下里宋、李两姓因争大琴脑山场互控到厅，厅同知岳龄置之不理，酿成械斗。① 光绪二十七年（1901年），佛冈村曾姓与吉田村朱姓因争山场互控，厅同知李达章不能断，致成械斗。② 宣统三年（1911年），佛冈二十四姓械斗，无官兵弹压，数月间焚烧两千余家，杀戮数百，百姓流离失所，田园荒芜。③ 由此，官府连最基本的安全保障都不能提供，公共医疗、社会救助等更是无从谈起。

正是在这一环境下，佛冈历史上爆发了有名的刘、黄大械斗。刘、黄大械斗的其他部分在此就不再赘述，它反应在龙南的就是黄姓势力范围与刘姓势力范围在芦洞、大田、咸水一线的全面对峙与相互冲突。咸水村的黄文质对于这段老一辈传下来的历史印象深刻：

> 那个时候打得很厉害的，我们村比较有钱，就是用太公田、太公山的钱买枪支。土枪是不行的，你用土枪根本就打不赢，那时候我们都是用七九步枪、三八步枪，还有一挺机关枪。全村16岁以上的都有枪的，那个时候我们村才多少人，枪就有40多条。我们村跟炉洞都是有炮楼的，炮楼是我们村自己修的，围墙就是上面那些村下来帮我们一起修的。

就是在这种紧张的局势下，大田内部发生了矛盾，大田主事人个人被刘姓势力收买，以武力逼迫村里人跟随他一起投靠刘姓，而村里部分与黄姓势力有姻亲的人家则逃离到了石联村躲避。后来，由于大田本身

---

① 佛冈县地方志编纂委员会. 佛冈县志［M］. 北京：中华书局，2003：25-26.
② 佛冈县地方志编纂委员会. 佛冈县志［M］. 北京：中华书局，2003：26.
③ 佛冈县地方志编纂委员会. 佛冈县志［M］. 北京：中华书局，2003：27.

还是在黄姓势力范围之内，大田人就纷纷有亲投亲、有友投友，逃到了周边村庄乃至乡镇。黄姓势力一气之下火烧大田，民居、宗祠等都化为了灰烬，大田村在物质形态上不复存在了。

之后到20世纪20年代，宗族械斗稍止，大田戈氏也就陆陆续续的回迁，开始了重建的过程。当然，在村落重建的同时，村庄的秩序也开始重建，村中一批新生力量开始不屈服于戈金玉一脉长期对村中资源的霸占以及村庄事务的垄断，开始了争取权利的过程。这种秩序的重建延续到了民国末年，也就发展成了围绕尝田管理的纷争，对此上文已经进行了较为详尽的论述。这场纷争最终以三场官司而暂告一个段落。其中有两场官司是围绕尝田的，另外一场也是因此案而衍生出来的刑事案件。这宗伤害案也是发生在民国36年的8月，戈邦基起诉戈德柱等伤害罪。当时的广东省佛冈地方法院检察官起诉书对此案发生经过有一个简单的论述。

大田村的村内纠纷以及与周围村庄之间的宗族紧张又是内嵌在了20世纪上半期那个峥嵘的革命岁月之中，小村落的命运最终还是与国家的命运紧紧地联系在了一起。大田的冲突也直到中华人民共和国成立后才得到了彻底解决，尤其是"土改"之后，整个村庄乃至整个乡村社会的秩序与次序发生了彻底的转变，大田也翻开了新的篇章。

第七节 宗族村社会保障

在传统乡土中国，并没有一个体制性的基本社会保障体系，社会保障多是依靠民间的互帮互助。当然，传统华南社会，又是一个社会力量相对活跃的社会，很多源于乡土、服务乡土的社会保障机制在关键时刻就会激活并发挥重要的作用。

传统时期虽然政府体制性的社会保障较为欠缺，但欠缺也并不是空白，如上文提到的，嘉庆十八年（1813年），政府就设立了常平社仓。

> 嘉庆十八年，既设治，乃建斯仓。二十三年，将清远县谷一千三百五十八石四斗二合，英德县谷八百七十四石二斗七升一合一勺，拨归斯仓存储，共常平额谷二千二百七十二石七斗五升三合二勺，以转运维艰，价储藩库。

常平社仓每逢灾年，就可以向贫民提供借贷，帮助他们度过灾年。当然，每逢大灾之年，政府也会进行一些赈济，虽然力度有限，但在关键时刻也是发挥了不可磨灭的作用。

整体而言，传统时期最为重要的社会保障机制还是民间的一些互帮互助机制。这些机制首先存在于宗族内部。每一个宗族就是一个生产生活共同体，宗族内部的保障一是来自公尝对族人的保障功能。公尝既有租金较低的优点，又能为经济困顿的家庭提供无息或低息借贷，在社会保障方面发挥了重要的作用。二是族人之间的相互帮助，尤其越是由宗族经各房各支向家户聚焦，相互之间的联系越是紧密，互帮互助的力度也就越大。三是一些互帮互助的救困机制，如前文数次提到的成立"路会"等方式。

社会保障机制很多还超越宗族、延伸到更大的乡村社会之中。其中，最为重要的一个纽带就是因婚嫁而结成的亲戚关系，亲戚成为除了宗族之外最为重要的社会网络，关键时刻甚至发挥巨大作用。大田村在民国15年的磨难中，大多数家庭就是依靠亲戚的庇护而渡过难关。此外，在更大的范围内，也会有一些乡绅在灾年为贫民提供借贷，甚至是进行赈粥等义举。而在这里要专门提到的是，传统时期大田及其周边的富人与穷人的矛盾可能并没有后来"土改"过程中关于地主与贫农的矛盾解读得那么激烈。在生产力低下的传统时期，富人与穷人甚至也是一种唇亡齿寒的关系，大家本质上都是希望风调雨顺，希望共渡难关。所以从访谈资料来看，地主对于佃农、长工等也有一定的庇护功能。

第八节　宗族村社会变迁

中华人民共和国成立之后，大田村宗族社会经历了一个迅速的变迁过程，60多年的快速变迁成了千年未有之大变局。在这个过程中，最大的特点就是人口的流动，就是宗族型社会整个特性的转变，也就是王沪宁先生所说的由聚居性、等级性、礼俗性、农耕性、自治性、封闭性、稳定性向社团性、流动性、平等性、法制性、工业性、交易性、开放性、创新性等方面的转变，而宗族性村庄的这些基质的转变，也恰恰预示着宗族型村庄的式微甚至是消亡。当然，与全国大部分地区相比，华南社会中宗族性元素还是保留最多也是保留最好的。

在中华人民共和国成立之后的发展中，大田戈氏族人或因当兵、或因读书、或因务工而又有人走出大田，农民身份也由此而发生变化。其中，因当兵而转变身份的有戈绍松、戈绍潭、戈绍炳、戈德木、戈绍阳等，因读书而改变身份的有戈月明、戈绍顺、戈绍彦，因外出务工而转变身份的是戈新金。另外，戈桂林、戈建星等人都是顶替父辈的工作而最终走出了大田。

走出大田村并不代表着与大田戈氏脱离关系，相反，血缘上的关系让他们永远都是戈氏族人。早些年走出大田的且已经在清新区、英德市定居的戈氏族人，只要大田有信息传过去，或是修葺祠堂，或是修建村道，他们都会捐钱回来，共建家乡。而迁居到龙塘跟石联的几户人家更是会在春节与清明回来拜祠堂、拜山，家里有红白喜事也是要回大田戈氏祠堂。至于中华人民共和国成立后出去的这些戈氏族人，更是把大田当成了永远的家。即便是在外有正式工作的人，家里有红白喜事也都是要回家摆酒，退休后也大多是回村盖房居住。如戈绍炳就已回家居住，戈绍潭、戈绍阳也已经回家盖起了楼房，准备回家养老。

当然，村里人对这些外出成功者的评价也不是根据他们的成就，而主要是根据他们对村里面的贡献度。戈月明、戈桂林、戈绍荣三兄弟外出之后不忘乡里，中间几次回来捐钱、捐物，还捐建了村里的公共厕所。虽然有几次他们也是以购买宅基地、承包留用田的方式帮村里渡过难关，但是他们的行为还是得到了广大村民的高度认可。

总之，在市场化、城镇化的大潮下，大田宗族社会已经走向了一条不可逆转的变迁路。

第九节　宗族村社会实态

如今的大田村，在各个方面都已经与传统大田有了巨大的差异。但不可否认的是,大田宗族社会却也还是有一些内在的东西传承了下来。这些传承下来的社会元素虽不足以支撑一个完整的宗族型社会,却也还是让整个社会带有了浓厚的宗族色彩。

一、大田人口状况

大田村现有村民82户,290人,是华南地区一个相对较小的自然村。① 大田82户农户中,由父母与未婚子女组成的核心家庭47户,占比64.38%;由父母和一对已婚子女组成的主干家庭25户,占比34.25%,祖孙四代共居一室的仅有1户。在核心家庭中,有4户是与子女同吃不同住的,另有7户五保户是独成一家。如果将这11户特殊家庭考虑在外,核心家庭与主干家庭的数量差别就小得多了。村中如今仅有戈荣基一家是四世同居一室,也主要是戈荣基因为81岁的老母亲已经行动不便、瘫痪在床,无法单独居住。

大田村290人中男性155人,女性145人,男性稍多于女性。从年龄结构上看,村内0—18岁村民77人,占比26.6%;18—40岁98人,占比33.8%;40—60岁79人,占比27.2%;60岁以上36人,占比12.4%。此外,村内80岁以上村民有7人,最高龄者83岁。山水秀丽的大田当前最高寿者83岁,但之前却也曾不乏高寿者,戈国星之祖父邦珍公生于1900、卒于1998,享年98岁。具体见表4-4。

---

① 本报告所统计数据截止到2015年6月。农户与人口统计既非常住人口,也非户籍人口,而是根据乡规民约的认可。

表 4-4 2015 年大田村民年龄分布情况表

年龄段	人数	占比
0—18 岁	77	26.6%
18—40 岁	98	33.8%
40—60 岁	79	27.2%
60 岁以上	36	12.4%
合计	290	100.0%

大田 60 岁以上老年人占比已经超过 10%，按照国际通行标准，大田也已经迈入了老年人社会。老年人社会或许不只是一个统计上的问题，更是一个很现实的社会问题。对于大田而言，更大的老龄化不是生理意义上的，而在于物理层面。当前大田村，0—18 岁未成年人大多数还在家读书，尤其是 15 岁之前的初中生，每天走读，吃住皆在家中。高中生或技校生则是县城读书，周末回家。18—40 年龄段的青年人无论是读书还是务工，一年绝大多数时间都不在家，只有部分新婚妇女在家带孩子。而 40—60 年龄段的村民则是男人大多在家，部分女性外出务工，60 岁以上者皆在村中。人口物理上的流动就加重了大田村的老龄化。如果严格按照国家常住人口的标准，大田村 60 岁以上老人所占比重就绝不仅仅是 12.4% 了。

大田人受教育程度也普遍较低，小学及以下学历者 154 人，占比 53.1%；初中学历者 88 人，占比 30.3%；高中学历者 33 人，占比 11.4%；大专学历着 8 人，占比 2.8%；本科学历者 7 人，占比 2.4%。具体见表 4-5。

表4-5 大田村民受教育情况表

受教育水平	人数	占比
小学及以下	154	53.1%
初中	88	30.3%
高中	33	11.4%
大专	8	2.8%
本科	7	2.4%
合计	290	100%

说到大田人口，计划生育问题自然是不可回避的。大田村的计划生育执行并不理想，重男轻女与多子多福的观念自然助长了村里的生育率，2005—2014年十年间大田共有新生人口49人，其中男性31人，女性18人，而这十年间，大田的新婚夫妇是23对（表4-6）。当然，新生人口并非全部是新婚夫妇所生，但新生人口是新婚夫妇数量的两倍多，显然每对夫妇还是保持着较高的孩子拥有量。当然，村中十年之内不同时间段的生育情况也不尽相同，2008—2011年新生人口最多，达到24人。同时应该注意到的是，村中男女比例严重失衡，男女比例是172∶100。这中间除了有偶然因素之外，村民对男孩的苛求当然也是造成男孩比例高的重要原因。

表4-6 大田2005—2014年新生子女情况表

年龄段	男性	占比	女性	占比
3岁及以下	4	12.90%	5	27.78%
4—7岁	18	58.06%	6	33.33%
8—10岁	9	29.04%	7	38.89%
合计	31	100.00%	18	100.00%

大田生育情况也可以从大田家庭孩子数量上看出端倪，2005—2014年大田村有新生人口的家庭共29户，其中，仅有一个孩子的9户，占比31.03%；两个孩子的17户，占比58.62%；三个孩子的2户，占比6.90%；另外还有一户人家有五个孩子（表4-7）。从当前的情况来看，在2005—2014年大田有新生人口的29户家庭中，有1—2个孩子的占大多数，占农户总数的89.65%。当然，应该注意的是，2005—2004年家中有新生人口的29户人家中有23户是十年内的新婚夫妇，其中的很多家庭人口数量还不稳定，最终的子女数还不能下定论，这个可以从新生人口家中的计划生育违反情况中进行具体分析。

表4-7 大田2005—2014年新生人口家中人口数量情况表

孩子数量	家庭数	占比
1	9	31.03%
2	17	58.62%
3	2	6.90%
4	0	0.00%
5	1	3.45%
合计	29	100.00%

大田2005—2014年新生人口所在的29户人家中，违反计划生育政策的15户，未违反计划生育政策的14户（表4-8）。在违反计划生育政策的15户之中，有两个男孩的5户，先生男孩又生女孩的4户，两个女孩一个男孩的2户，四个女孩一个男孩的1户，先生女孩后生男孩但中间未到法定间隔年龄的3户。尤其值得注意的是，在这29户人家中，第一胎已经生了儿子的又选择再次生育的也有9户，最终，生有两个男孩的5户，生有一男一女的4户。这也就说明了大田人不仅仅是有

重男轻女的思想，多子多福的思想也还存在，生男孩并不是新婚夫妇唯一的目标。在未违反计划生育政策的17户中，家中只有一个男孩的9户，两个女孩的4户，先生女孩后生男孩的1户。单从数据上看来，未违反计划生育的家庭与违反计划生育政策的家庭大致相同。但正如上文所说，大田的这29户家中有新生人口的家庭的生育情况尚不稳定，还有继续生育的很大可能。

表4-8 大田2005—2014年新生人口家中计划生育政策违反情况表

计划生育情况	家庭子女情况	家庭个数
违反计划生育政策	两个男孩	5
	先男后女	4
	两女一男	2
	四女一男	1
	先女后男，但未到法定年限	3
	合计	15
未违反计划生育政策	一个男孩	9
	两个女孩	4
	先女后男	1
	合计	14

对未违反计划生育政策的14户家庭进行具体分析，大田村2005—2014年出生的9个独生子女中，戈凌峰、戈俊杰、戈永结的父母比较特殊，戈凌峰父母离异，但其父亲最近已经结交新的女友，又因为戈凌峰先天聋哑，有可能再婚、再生；戈俊杰的父母具有正式工作，尤其是其母亲是事业编制，有可能不再生育；戈永结父母年龄较大，也可能不再生育。除此之外的六个独生子女的父母都是新婚夫妇，多在30岁以

下，按照村里的一般习俗，一般而言都会再次生育。而在生有两个女孩的 4 个家庭中，父母年龄也全是 30 岁上下，生育第三胎以求儿子的概率非常高。因此，未违反计划生育政策的 14 对夫妇中唯一真正有可能不再生育的只有独生子家庭中的两户以及先生女孩后生男孩的一户人家。大田村 2005—2014 年独生子女出生情况与生有两个女孩家庭情况分别见表 4 - 9、表 4 - 10。

表 4 - 9 大田 2005—2014 年出生独生子女情况表

姓名	性别	年龄（岁）	父亲年龄（岁）	母亲年龄（岁）
戈凌峰	男	8	45	离异
戈俊杰	男	7	36	35
戈正熙	男	5	28	26
戈千颖	男	6	32	30
戈子豪	男	4	26	24
戈永结	男	6	52	47
戈剑烽	男	4	26	29
戈骏宇	男	1	23	24
戈梓龙	男	4	29	28

表 4 - 10 大田 2005—2014 年出生双女家庭情况表

户主	父亲年龄（岁）	母亲年龄（岁）	大女儿年龄（岁）	小女儿年龄（岁）
戈炳贤	30	27	7	3
戈记玲	30	30	3	3
戈桂财	30	27	8	4
戈忠添	33	30	7	1

二、大田婚姻状况

近年来，大田人的婚姻圈大幅增大。这主要也是由于以前婚娶多是媒人介绍，如今夫妻双方多是外出务工时自由恋爱，获益婚姻的范围增大。在大田当前的76名妇女中，本村成亲的较少，仅有3人；本镇成亲的人数比较多，共40人，占比52.63%。本县内非本镇的还有15人，占比19.74%。此外，佛冈县以外，，在本市之内其实也就是从英德县嫁过来的10人，占比13.16%；省内而非清远市的仅有3人。另外，就是省外的有7人，越南1人。其中，省外的7人中，湖南3人，广西4人。具体见表4-11。

表4-11 大田家庭妇女婚嫁距离情况表

距离	人数	占比
本村	3	3.95%
本镇	3+37=40	3.95%+48.68%=52.63%
本县	40+15=55	52.63%+19.74%=72.37%
本市	55+10=65	72.37%+13.16%=85.53%
本省	65+3=68	85.53%+3.95%=89.47%
省外与国外	8	10.53%

大田人一般20多岁就结婚，早婚早育现象严重，且未婚先育者也较多。当然，此处所说的结婚是按照民间风俗办酒席结婚，而不是到民政部门登记结婚。从2005—2014年的新婚夫妇情况来看，男性平均结婚年龄24.34岁，女性结婚年龄为22.87岁，女性结婚稍早于男性。其中，男性最小结婚年龄为17岁，女性最小结婚年龄为18岁。从不同年

龄段来看，20岁及以下结婚者男性有2人，女性5人；21—25岁结婚者男女相同，都是12人，占了总人数的一半多；而31岁以上结婚者男性有1人，女性则没有31岁及以上者结婚（表4-12）。从各个年龄段的分布也可以看出，女性的结婚年龄稍晚于男性。值得注意的是，十年之内，大田有7人在20岁及21岁以下就结婚，明显违反计划生育政策，这也是村中部分儿童没有户口的重要原因。村民戈国栋就是非婚生有三个孩子，至今还没有户口。

表4-12 大田2005—2014年青年结婚年龄情况表

年龄段	男性	占比	女性	占比
20岁及以下	2	8.70%	5	21.74%
21—25岁	12	52.17%	12	52.17%
26—30岁	8	34.78%	6	26.09%
31岁及以上	1	4.35%	0	0.00%
合计	23	100.00%	23	100.00%

截至2015年6月，大田尚有一个较大的待婚群体，也就是18岁以上未婚群体，这个群体共44人，占大田总人口的15.17%（表4-13）。大田18岁以上男子中未婚者27人，其中30岁以上未娶者只有一人，但也已经定亲，将在2015年内完婚。其他未婚人员年龄大多在25岁以下。大田18—30岁女子未嫁者17人，最大年龄30岁。大田婚姻较为稳定，村中离婚者较少，只是极个别现象。大田村中老人有几位终生未娶者，但年轻人已经没有了光棍现象。

表 4-13 大田 18 岁以上未婚青年情况表

年龄段	男	女
18—25 岁	24	14
26—30 岁	2	3
31—35 岁	1	0
合计	27	17

婚姻之中的最难忘的自然是婚礼当天。结婚对于任何一个人而言都是人生第一大事，大田人也不例外。大田婚礼还是带有很多宗族社会的元素。结婚前一天，一个小的家族的人就会过来帮忙，杀鸡、宰鹅、收拾鱼等。结婚当日，大家更是有一个明确的分工，各负其责。特别的是，每逢喜事，大田村的大厨大多都是男人，女人则负责端菜、盛汤、收拾碗筷等。小家族内部谁的炒菜手艺好大家一般也都已经有了共识，一般都会由这些人来主厨。婚宴的时候，也是大田男人们露脸的时候，菜做得好不好吃，同村不同房支的人也会相互比较，来参加婚宴的其他房支的村民也总会在心底暗暗评点，有手艺好的大厨的家族总是一种骄傲，村内部的家族间的竞争与较劲也是无处不在。

大田人结婚，整个婚礼下来如今一般需要花费四五万元，其中最多的部分用于宴客用的酒席。大田当地结婚，彩礼钱并不是很高，直到现在，多的也才是 10001，少的则是几千块钱。双方你情我愿的话，没有彩礼也是有的。但不管怎样，大田村人结婚时的宴请却都是很耗钱的。以村民戈绍志为例，戈绍志儿子 2009 年结婚，婚礼共花了四万多元。在这四万多元中，除了媳妇家的 6000 元彩礼以及给媳妇买白金戒指与项链的钱之外，大部分钱都用在了酒席宴请上。戈绍志家的婚礼共有 400 多人参加，其中，本家族内的 100 多人连着吃了两天，村里其他房支的人们则是一个或带着孩子参加,再就是外面的亲戚朋友。400多人的喜宴,猪杀了两头,另鸡、鸭、鹅、鱼以及青菜、点心、小吃等,都需购买。另外,烟、酒、茶以及饮料也是较大的消费。

大田人的婚礼虽然是一个全村人都会参加的盛会,但是根据房支的远近却又会有很大的不同,家族内部的人会来帮忙,全家老少连着吃两三天,家族之外的村民则只是结婚的当天前来喝喜酒。这显然也是费孝通先生笔下的那个差序格局的社会,差序格局中的位置决定了婚礼参与的程度的不同。

三、大田家庭状况

大田农户大多较小,人口数量不多,最多的还是四口之家,占比31.51%。此外,六口之家与一人独居的也占较大比重,分别占比20.54%、17.81%。两口之家最少,全村仅有一户,这也可以看出,大田老年人夫妻同在的较少,寡居老人较多。具体见表4-14。

表4-14 大田村家庭类型情况表

家庭类型	户数	占比
一口之家	13	17.81%
两口之家	1	1.37%
三口之家	9	12.33%
四口之家	23	31.50%
五口之家	9	12.33%
六口之家	15	20.55%
七口之家	3	4.11%
合计	73	100.00%

在大田村，农户是一个基本单位，既负责生产、生活，是一个经济生活共同体，更是一个精神共同体。尤其是近年来，作为宗族社会的大田村，在市场经济的冲击下，社会的基本单位迅速向更小的核心家庭演进，核心家庭也成为最为紧密的社会单位。当然，大田传统宗族社会的基质犹存，尤其是在赡养老人方面，大田还是传承了优良的历史传统。在大田，老人一般会跟着一个儿子同吃同住，其他子女则是根据自己的能力尽心尽力。赡养老人的儿子自然也就有权继承老人遗产。当然，就大田而言，除了宅基地之外，老人们并没有什么遗产可以继承，赡养老人更多的是义务。但或许是因为宗族社会的内在温情，村里很少有人家因赡养老人而起争执，每一个家庭都还是一个幸福的归宿，73个幸福家庭组成了一个和谐社会。

四、大田社会分化

如今的大田村，社会分化并不严重。大田村民的贫富差距可能更多地体现在阶段性差距，而不是根本性差距。所谓阶段性差距是指每个家庭所处的家庭发展阶段不同，就会存在一定的贫富差距。比如，戈绍否、戈桂林近年来都有三个孩子在读书，尤其是最近两年都已经进入高中、大学阶段，家庭中孩子的学费、生活费支付压力就非常大，相对就会进入困难期；而孩子已经从这一阶段走出的家庭或者孩子尚在中小学读书的家庭对于教育的货币支付压力就比较小。又比如说，家中有两个20多岁未婚子女的家庭，一般家庭情况比较好，因为家里的劳动力多，而消费相对少；而家中两个儿子都刚刚结婚生子的家庭则比较困难，主要是在劳动力没有增加甚至减少的情况下，家庭消费因结婚生子而急剧上升。因此说，大田人的贫富差距是阶段性的贫富差距，而非根本性贫困差距。

当然，村中农户之间还是有一定的分化。同样是打工，有的是去澳门打工，月收入至少五六千元；有的是在工厂打长工，月收入两三千元，虽不多但也稳定；还有的是在家中打散工，工资低且收入不稳定。村庄的分化主要是由收入差距造成的，但却主要是通过物化的形式呈现出来。大田的内部分化主要是表现在大田人的吃穿住行等方方面面，其中，饮食、房子、车子等都是能够体现村庄内部分化的重要方面。

大田农户在生活中的饭菜消费各不相同，不同的人口、不同的年龄、不同的家境，每月的开支大不相同。从全村大致情况来看，多数家庭月消费在1000—2000元左右。当然，如今的大田，几乎每家每户都有人在外务工，这些人的消费等已经无从统计。所以，对家庭开支情况的统计很难精确，甚至可能与实际情况相去甚远。但从表4-15所列六户村民的月消费情况表依旧可以看出，农户间的消费情况存在着较大的差距。

表4-15 大田部分农户家庭月消费情况表

农户	人数①	粮食（元）	蔬菜（元）	肉类（元）	食用油（元）	烟酒（元）	合计（元）
戈国星	2	200	100	350	120	400	1170
戈金水	4	500	120	400	130	0	1150

---

① 本处人数是指农户的常住人数，外出务工人口不在此列。

续表

农户	人数	粮食（元）	蔬菜（元）	肉类（元）	食用油（元）	烟酒（元）	合计（元）
戈志流	2	130	150	450	100	350	1180
戈德耀	5	220	50	100	130	0	500
戈林松	2	80	100	300	130	420	1030
戈武福	4	135	50	300	120	500	1105

家庭日常生活消费之外，房屋的差距更能直观地体现出村庄内部的农户分化（表4-16）。大田环村公路内现有宅基地125块，村中有老屋28栋，围屋4栋，共占比33.6%。村中楼房数量较多，共60间，占比48%。这其中，一层半未装修楼房20幢，占比16.0%，两层半未装修楼房26幢，占比20.8%。村庄已外装修的楼房仅12幢，占比9.6%。此外，大田还有两幢新盖的三层半的楼房。截止到目前，村中除了孤寡老人之外，还只有戈细镰一户人家未住上楼房。

表4-16 大田村居情况一览表

房子类型	房子数量	房子占比
老屋	38	30.4%
围屋	4	3.2%
一层半未外装修楼房	20	16.0%
一层半已外装修楼房	4	3.2%
两层半未外装修楼房	26	20.8%
两层半已外装修楼房	8	6.4%
三层半未外装修楼房	2	1.6%
空置宅基地	23	18.4%
合计	125	100.0%

大田村民盖楼房的花费对于农民而言也是天文数字，几乎会耗尽农户所有的积蓄。当然，因为完工时间不同，各家各户的总花费也各不相同（表4-17）。总体看来，早些年盖的楼房花费较少，这些年花费却是越来越大。部分原因是建房所需的建筑材料涨价，更重要的原因则在于人工费的提高。如今盖房与装修，材料费与人工费几乎是五五开，人工费用之高，可见一斑。当然，每家每户盖房的情况不同，有的是十年之前盖房，成本较低；有的是十年前盖一层半，近几年又加高；还有的是这几年才一气呵成。虽然主体架构大致相同，但内部装修却差别很大。

表4-17 大田部分家庭楼房花费情况表

户主姓名	建房时间（年）	楼层（层）	装修情况	建房花费（元）
戈绍否	2013	1.5	内外装修全部完成	150000.00
戈丁贵	2014	1.5	外装修尚未完成	90000.00
戈柏宁	2006	1.5	内外装修全部完成	94000.00
戈林欣	2006	2.5	内外装修全部完成	220000.00
戈绍志	2005	2.5	外装修尚未完成	190000.00
戈金水	2004	2.5	内外装修全部完成	180000.00
戈志流	1994	2.5	内外装修全部完成	200000.00
戈木星	2012	2.5	外装修尚未完成	400000.00
戈德耀	2013	2.5	内外装修全部完成	400000.00

当然，房子只是一个方面，房子里面的装修情况与家电、家具等更能体现农户之间的分化情况。大田多数家庭都已经购买了电视机、电冰箱、洗衣机、热水器、消毒柜等，但在家电的品牌上差距较大。村中少半家庭也安装了空调，十多户人家有了电脑，甚至在村中也已经有了

WiFi。部分村民也开始拥有车子。如果说房子是必需品,那么车子对于大田人来说显然已经是奢侈品,家里有机动车的农户的经济条件在村里一般算是比较好的。具体见表4-18。

表4-18 大田村机动车拥有情况表

户主姓名	车辆数量	车辆情况
戈坚强	2	轿车一辆,妻子上班所用;面包车一辆,坚强在家用
戈金水	1	面包车一辆。私家车,之前也有一辆面包车跑运输
戈林欣	1	面包车一辆。之前是载客用,现为私家车使用
戈林松	1	小货车一辆。主要用于周边村民葬礼时雇佣
戈金锐	1	面包车一辆。儿子开着上下班用
戈伟国	1	面包车一辆。儿子开着上下班用
戈绍沛	1	面包车一辆。原为儿子载客所用,现实绍沛私用
戈志流	1	面包车一辆。多为私用,偶有载客
戈北燕	1	轿车一辆。准儿媳开着上下班
戈新金	1	轿车一辆。私家车
戈绍志	1	面包车一辆。儿子上班所用
戈武福	1	轿车一辆。二手车,武福无驾照,在乡下自己开
合计	13	

整体看来,大田村农户的发展还是较为均质化,除了个别贫困家庭之外,多数家庭发展较为均衡,没有很大的分化。用村民自己的话说,"村里没有做大生意的,也没有做大官的,都是靠汗水谋生活",这与1949年前村庄的贫富差距状态相类似。当然,在一个较为传统的共同体内,社会分化度较低也就使得大田村庄内部和谐度非常高,村民之间和睦相处,整个村庄就是一个大家庭。

五、大田殡葬事务

大田村近十年来共有 24 人过世，其中，30 岁以下 1 人；31—40 岁年龄段 4 人，41—50 岁年龄段 1 人，51—60 岁年龄段 2 人，也就是说，60 岁以下共 8 人，占过世总人数的三分之一。60 岁以上则是 16 人，占过世人口总数的三分之二。其中，80 岁以上 4 人，最大龄者过世时 93 岁。过世村民中，非正常死亡人口 4 人。具体可表 4-19。此外，与上节大田村 2005—2014 年新生人口进行对比，新生人口 49 人，过世人口 24 人，新生人口是过世人口的两倍有余，大田人口增长率保持较高的态势。

表 4-19 大田村 2005-2014 年过世人员情况表

过世年龄	人数	占比
30 岁以下	1	4.17%
31—40 岁	4	16.67%
41—50 岁	1	4.17%
51—60 岁	2	8.33%
61—70 岁	4	16.67%
71—80 岁	8	33.33%
80 岁以上	4	16.67%
总计	24	10.00%

如今的大田葬礼虽然已经简单，但也还是会有一整套的带有神秘色彩的仪式，但是在整个仪式的过程中，都是家族内部的人各有分工的帮

忙，而不会请外人帮忙。老人过世，一般会留三天。下葬的日子里，死者家属会随着一起到县里的殡仪馆，告别遗体并火葬逝者，火葬之后，骨灰就直接放进金埕，然后回村子里到山中安放。安放金埕的位置并不用十分讲究风水，几年之后金埕会被迁到家族近年来过世的人统一的金埕存放处。山中的金埕都是露天安放的，几十年来过世村民的金埕全部都放在山中。

六、大田社会保障

无论社会如何均质化，在一个区域之内，总会有一定的社会分化，总会有一定的贫富差距。大田地处农村，村中收入差距主要是由于部分家庭因成员生病或缺乏主要劳动力等原因而致贫。由此，大田村也存在一个生活较为困难的社会群体。当然，随着近年来新农合、新农保以及农村医疗体系的完善，农村的社会事务有了十足的发展。

大田村现有五保户7人，男性4人，女性3人（表4-20）。其中，男性终生未娶的有两人，没有子女的两人；女性三人都是生有女儿，其中两位还有女儿嫁在本村，这也方便了对老人的照顾。当前，七位"五保"老人中有六位住在村里，戈德祥则住到了佛冈敬老院。在家中居住的七位"五保"老人每月有五百多元生活费，且享受免费的新型农村合作医疗。五保老人都是住在村中老房子中，大多都有自己的房产，只有戈绍佳、戈德祥没有房产，住在村里的公屋之中。

表 4-20 大田村"五保户"情况表

姓名	性别	年龄	基本情况
邝观连	女	76	生有五个女儿,其中一个嫁在本村
罗桂新	女	67	生有一个女儿
刘顺带	女	81	生有两个女儿,其中一个嫁在本村
戈德忠	男	73	终生未娶
戈绍佳	男	66	终生未娶,算命先生
戈德祥	男	81	无子女
戈庙清	男	68	无子女

大田村低保户有7户,享受低保待遇的共29人,享受低保人员每月有120元生活补贴(表4-21)。大田7个低保户,家庭主要劳动力英年早逝的有4户,家庭主要劳动力年迈的2户,还有一户也是家中的孩子生病,花费较大,家中比较困难。当然,从当前情况来看,一个月120元的生活补贴并不能完全解决这些家庭的贫困问题,只能温饱,不能脱贫。尤其是戈德辉一家,夫妻已经都60多岁,基本丧失劳动能力,儿媳在外务工,每年带回的纯收入不足万元,三个孩子大的13岁,小的8岁,现在都在小学读书,花费较少,但在将来十年内将面临更大的生活压力。

表 4-21 大田村"低保户"情况表

姓名	人口数	基本情况
戈德辉	6	儿子30多岁英年早逝,留下三个十岁上下的孩子
戈绍焕	4	本人年纪较大,且常年高血压,两个孩子尚在读书
潭凤云	4	丈夫英年早逝,三个孩子两个尚在读书

续表

姓名	人口数	基本情况
戈东林	5	二儿子精神有问题，前些年曾进精神医院
戈绍红	4	本人年纪较大，妻子来自越南，带来的两个孩子尚未成家
郑翠花	3	丈夫英年早逝，独自带着两个读书的孩子
郑细妹	3	丈夫因车祸过世，本人因车祸瘫痪在床，儿子2015年大学毕业

低保户都是村里十分困难的家庭，但是并不是每一个家庭都已经纳入低保，大田还有一些生活困难的家庭未能纳入最低生活保障（表4-22）。有的未纳入低保的原因让人无奈，村民戈细镰与妻子离异，上有73岁的老母亲，下有刚刚八岁的聋哑儿子，自己又只是靠打散工谋生，生活很是艰难。但是因为孩子没有户口，没法纳入最低生活保障。村民戈木林五个孩子，都在读小学，只有戈木林一个人每月两三千元的工资，生活也是贫困。2014年，村中五户较为贫困的人家以大田村"困难户"的名义上报，但只是春节的时候有300元钱以及一些腊肠、水果等慰问品。而且大田只有戈细镰、戈丁贵、戈榕根三户最后确定是困难户，其他两户未得到相关慰问金与慰问品。

表4-22 大田村"困难户"情况表

姓名	人口数	基本情况
戈细镰	3	本人离异，母亲年迈，儿子聋哑
戈榕根	6	家庭较为困难
戈丁贵	4	家庭较为困难
戈木林	7	5个孩子，最大的刚13岁，最小的5岁
戈润球	4	家庭较为困难

2013年开始，村里开始有危房改造工程，每年有几个名额（表4-23）。其中，2013年戈绍焕、戈润球、戈木林三户已经拿到了15000元钱的危房改造补贴；2014年戈丁贵、戈绍红、戈榕根三户也已经上报并确定，只是补贴还未下发。这六户人家也是大田村最后盖起楼房的人家。他们也已经于2013—2015年全部搬进了新楼房居住。当然，上文也曾提及，大田至今只有戈细镰一家还未盖楼房，主要是他自己没有积蓄，也还没有申请危房改造补贴盖新房的打算。

表4-23 大田村危房改造资助情况表

姓名	年度	基本情况
戈绍焕	2013	家庭困难，2013年盖好1.5层未外装修楼房
戈润球	2013	家庭困难，2014年盖好1.5层未外装修楼房
戈木林	2013	家庭困难，2014年盖好1.5层未外装修楼房
戈丁贵	2014	家庭困难，2014年盖好1.5层未外装修楼房
戈绍红	2014	家庭困难，2015年盖好1.5层未外装修楼房
戈榕根	2014	家庭困难，2015年盖好1.5层未外装修楼房

大田社会保障体系其他方面也得到了很好的发展。截止到2015年，全村村民全部参加了新型农村合作医疗，三分之二的村民参加了新型农村养老保险，60岁以上老人的养老金也从每月55元调整为60元。此外，部分村民开始购买城镇社保或商业保险，农村的社会保障体系开始走向多元化、高端化。

伴随着新农合的推进，大田村农村医疗体系也有了很大的发展。大田村村民戈坚强就是整个里水片区卫生站的医生，村民就医十分方便。龙南医院与大田村相隔不足一公里，且全程都有太阳能路灯，早晚就医十分方便。此外，大田人前去佛冈与广州的大医院也十分便捷。当然，在大田村，人们也十分信赖农村的一些赤脚医生，他们有的甚至没有正式的从业资格，但却有祖传秘方。大田已经有一个体系较为完整的多元化医疗体系。尤其是新农合的推进，从资金上缓解了大田人之前的就医难问题。但也有部分群众反映，新农合实施以后，农民缴纳参合费用不断提高，医院的药品价格也大幅增长。而且在部分乡村医院就医以及在正规医院里除了药品费之外的很多费用不能报销，如果不是住院，日常看病的整体花费并没有实质性的下降。

在当前中国农村，国家在养老、医疗等基本社会保障方面的投入还是有限的，对农民的保障能力也是不足的，难以满足农村的现实需求。村民的养老、医疗等主要还是依靠家庭内部来完成。当然，在宗族社会之中，家族共同体对于宗族成员还是具有较强的保护功能，这种保护功能自家庭往外延伸，越往外作用越弱，但是作用弱不代表不存在。在村民遭遇困难的时候，村庄自我救助机制就会自动启动。村民郑细妹十多年前因车祸导致瘫痪，一年后丈夫也因车祸过世，留下了两女一男，男孩后来还读了大学。如此，整个家庭陷入了极为困难的境地。面对如此横祸，首先站出来的是小家族的兄弟。郑细妹老公的两个弟弟主动承担起这个家庭的活计，两个弟媳也是细心地照料着嫂子的饮食起居。尤其是戈木林，在自家有五个孩子需要养活的情况下，辞去了工资较高的装修工作，回到佛冈务工，以便对上照料年迈父母，对下照料大嫂一家。当然，在这种危难之时，全村人也伸出了援助之手。整个大田村掀起一次捐款热潮，共捐款八千多元，其中五千元救助郑细妹一家的，其他的作为专款用于救助再有家庭变故的农户。"当时全村人都捐了款的，那个五保户刘顺带都捐了一块钱。一块钱不多,但这是份心意呀,人家本身就是个五保户,还能捐款,的确已经是很难得的了。"戈绍否对当初的捐款还是历历在目。也正如他所说,捐款的额度是无法考量的,最可贵的是村子里这样一个行之有效的自我救助机制的存在,这也是传统宗族社会给予当下大田的一笔可贵的社会遗产。

第五章

宗族型村庄的文化形态与实态

传统宗族社会扎根于广袤的乡土之上,内生出来的是最为朴素的乡土文化。而华南自古远离政治核心,居民多是由北方经江西等地避难至此,所以华南尤其是广东乡土社会的文化与北方有着很大的不同,实用主义、自由主义的文化元素在这片土地上有着更明显的呈现。当然,对于一个个散落在华南乡土上的宗族型社会而言,文化形态更多的也是受到了区域性环境的影响,不同的社会土壤孕育了不同的乡土文明。大田村,有着属于自己的乡土,这种乡土文化虽然是整个华南乡土文化的一部分,但却也有属于自己的特有的基质与元素。

第一节 宗族村文化概况

民国时期的大田宗族社会所内含的是一种较为特殊的文化形态,这种文化最根本的还是传统的宗族型村庄的乡土文化,勤劳、勤俭、孝廉、互惠、好学、求稳、忍耐等内嵌于乡土文明之中的品质在大田文化中都有明显的呈现,也是大田文化的精神内核。华南地区的祖祠、拜山、求神等文化样式等在大田也都同时具备。

但与此同时,民国时期的大田文化又是一种较为特殊的文化,它的特殊性一方面在于民国时期的大田像其他村落一样,处在一个大变革的时代,很多新的文化样式已经开始影响传统文化,尤其是国民政府的行政下乡、联省自治等对农村产生了很大的影响;另一方面,民国时期的大田村经历了这整个发展史上最大的灾难,整个村庄被烧毁,民国15年后的大田村也是一个村庄重建、宗族重聚、社会重组的过程。在这个过程中,原有的文化自然也就受到了一些影响,注入了一些新的基于最基本的生存的元素。

传统的大田文化,既有作为最内核的信仰,这种信仰既包括祖先信仰、鬼神信仰,又有更为朴素的各种乡土崇拜,正是这些内在的信仰与基本的乡土伦理,奠定了大田文化的基石。而这些内在的文化内核又是通过宗族型村庄的文化样式、文化活动呈现出来。文化由此也就浸染到了大田人生活的细节之中。春秋二季祭拜祖先是文化,大年初一闹祖祠是文化,大田武术耍刀弄棒是文化,小户人家勤俭之道也是一种文化。正是这无处不在的文化支撑着大田人的内心、维系着大田村的秩序、催动着大田村的发展。

第二节 宗族村信仰形态

信仰是一个文化形态中的精神内核,对于文化样式的性质具有决定性的作用。大田村作为华南宗族型村落,最大的信仰就是祖先信仰。当然,以祖先信仰为核心,大田村又有一整套的信仰体系。

祖先信仰是源于对整个宗族的开基祖的尊崇,开基祖的伟大与传奇自然也是后人的荣耀。因此,在对始祖戈明汉的讲述中,村里人也都尽是赞誉之词:

> 始祖生平修德积善,秉性纯良。行谊高远,品诣端方,勤俭持家,躬耕乐道,创业置家,无一玷污于世。

祖先信仰最直观的表现就是人们对于宗祠的极为重视。大田的宗祠何时兴建已经无法考证,中间也是几次破坏、几次重建,当年宗祠的风采已经无从查证。但从老人的记述中,还是能够对宗祠的发展有一个大概的了解。大田宗祠虽然经过几次重建,但是位置及朝向等却从未改变。宗祠在村子后面,背山面水,朝向西南。宗祠后面是村里的后山,山上青松伟岸,郁郁葱葱;宗祠的前面则是村里的风水塘,塘水清澈,微风涟漪。传统时期,整个村庄的朝向也是与祠堂一致的,直到1963年村庄重新规划的时候,才改变了村庄的朝向,但祠堂朝向未改。据说,传统时期大田宗祠共有三重,廊檐绣花,正堂画龙,十分气派。由此看来,宗祠大概也是当时大田最好的建筑物了。但是后来在民国15年的劫难中,宗祠也被烧毁。重建的过程中,陷入困顿的村民只能是简单地重建了宗祠,但再也没有往日的风采。直到20世纪80年代,戈氏族人才重建宗祠,这已经是后话。传统时期大田戈氏一族人口较少,居住集中,也就没有支祠。祠堂的管理是以家户为单位的,每天都有人轮流到祠堂上香,并负责打扫卫生。祠堂的修缮自然是从尝田收入中支付。祠堂的重要活动就是每年春节的祭祖,祭祖又分为大年三十和初二两天每家每户的祭拜以及大年初一早上全族老少参加的家拜。最热闹的当然是大年初一的祭拜，舞狮、鞭炮、上香等将春节的气氛推向高潮，也将祖先记忆与祖先信仰瞬间激活。

祖先信仰还在于对族谱的重视。虽然大田一直没有修订族谱，但这并不代表着他们对族谱不重视，只是碍于经济能力与文化水平而未能统一修订。但是在每个房支内部，都有着手抄本在流传，详细地记述了本房、本支、本脉的人的代代传承。当然，每个房支的流水簿其实还详细记载了先人祖坟的位置，这也是清明拜山的重要依据：

始祖公戈明汉葬在土名板皮窑马路上，坐东向西，东方青色旗尾形。

高祖公戈成邱系明汉公之子葬在沙帽岬，坐西向东，金星狮子望楼台形。

高祖公戈成邱生二子戈以斌、戈以兴分房。

曾祖公戈以兴系成邱共之子葬在炉洞尾沙藤窑背，坐西向东，燕子伏梁形。

祖婆王氏

曾祖公戈以斌系成邱公之二子葬在陂角养坎面，坐西向东，单提空型。

祖婆陈氏

……

如此一直向后记述，且随着分房分支而向各家各户自家祖先聚焦。但从四位开基祖的记述情况可以看出，这种手抄本不仅对祖先姓名、祖婆姓氏有详细记述，而且对于祖先的坟地位置、走向、风水等也有简单的记述。也正是这样的一个简单却又需要长期坚持的记述,让先人的基本信息得以流传下来。当然,对于祖先记忆的传承与保存,最重要的还不是各房各支的流水簿,而是每年清明节的拜山活动。

大田人对传统时期清明拜山的最大记忆就是用公尝购买并分发猪肉的场景,尤其是对与孩子而言,这是一年中最美好的记忆。因此,从传统时期开始,清明拜山就不是一个非常严肃的祭拜情景,而更像是有特殊意义的聚会。

> 尚余银多少付族长,买肉备祭期定清明前一日担至坟营照丁分肉:
>
> 一、祭肉多少规定照丁均分,不得持家持强挟众混争伤和,骨肉令人饮食之消间有此等合众责罚最无偏扶徇庇。
>
> 二、清明上坟规定朝丁生祭,间有出外羁并有丧病阻者理应言情姑宥。若有在家安宁不遵规矩者点出不到,每名罚银六卜,订记单内,限次年春分日交予族长为众公用。若族长隐晦不见销,查出合众加等责罚决不轻恕。
>
> 三、夫始祖坟墓遥远,每遇清明日上坟固定昭丁往祭共礼可行而意可伸也。不然徒有墓耳。昭丁往祭理当,然老有跋涉亦应当恤。故予等设立一规间有童与老者理应言情。姑宥若十五以下与六十以上不临登祭时即在坟前点出,不到每名罚钱五分,订记单内,限次年春分日拿出交予族长,为众公用。间有持强不遵规者合众攻之,除彼丁名,讨彼丁肉。若族长隐晦不见销,查出决不轻恕。

由此可见,在村庄祖先信仰的维护上,既有拜山分猪肉等激励机制,也有严格的惩罚机制。这种惩罚机制甚至不只是针对不按照族规去

155

拜山的人，如果族长不严格并公平公正地进行处罚，也会对族长进行处罚。信仰既是内心深处的主动信奉，又有族规的外部约束，从而保障了祖先信仰一整套机制的有效运作。

大田民间信仰充分表现在大田人对周围三个庙的祭拜，一是龙镇古庙，二是龙潭祖庙，三是龙南新庙。三个庙都是在大田周边，香火很是繁盛。大田人每到春节，都有在大年三十到龙镇古庙祭拜。另外，三个庙修缮筹款或者是每年的祈福活动，都会有专人在大田村筹款。一般是每人至少两元，多则不限，大田村每个村民都会积极捐款。村民戈绍志的爱人陈财娣还是龙镇古庙的理事。三个庙各有历史，三个庙所拜祭的主位不是一般意义上的神仙，而是具有乡土特色的一些民间英雄，而且就是龙南当地的英雄。这些英雄都是在关键时刻起来为民除害，为民敬重，后人修庙以纪念。

据记载，龙南地处麒麟山、南山与网山之间，弯弯曲曲的龙南河贯通全境，山清水秀，环境优美。过去大、小山头林海莽莽、古木参天，三座大山上黄草密布，正是老虎栖息的好环境。因此，历史上当地虎患不息。20世纪30年代是龙南地区虎患比较严重的时期，那时候，不论白天或黑夜，不分大村或小村，老虎都会到村里咬人、咬猪、咬牛，人人谈虎色变。在大山脚下的石龙头、王竹坑、蜈蚣坑等山村，太阳未下山便很少有人在外劳作，以免老虎伤人。[1] 冯师爷原名冯旺，生于康熙年间，居住在大田不远处的土陂坑。传说当时虎患严重，老虎不时下山作乱残害人畜，人心不安。有一次冯旺家的母猪被老虎咬去，冯旺在家

---

[1] 《佛冈文史漫话》.

中点燃一把香，在门口踏脚三下，不一会儿，各山的老虎都集中来到他的家门口跪下。冯旺对众老虎说："今天把你们招来，看是哪一只老虎吃了我们家的母猪。没有咬的就各自回山，咬了猪的就跪着不准起来，留下来给我当坐骑。"结果，咬了猪的老虎果真起不来，跪在地上泪流满面。之后，冯旺将老虎驯化一番，骑着老虎到处走，自此人畜安宁。冯旺终年之后，百姓为了纪念他，乡间的信男信女自愿捐资兴建了一间庙宇，就是龙镇古庙，把冯旺当作神灵，迎入庙中，让黎民百姓敬奉拜祭。百姓如有患难之处都前来此庙求神问兹祈求平安。

龙潭祖庙则是在与大田隔水田相望的里冈村。据龙潭古庙碑文记载，龙潭祖庙主神位王標等人在没落的帝制时代，他们思想进步，仇视黑暗势力，联合劳苦大众举旗起义，安营扎寨，反对帝皇制度，实行削富济贫，做出过许多有益的不可磨灭的贡献。我全体乡民为了纪念众义士，建了龙潭祖庙，全体乡民的祖先也因此而受到祖庙的庇护，百姓安康的功德也得益于这座宗庙。新庙则位于石铺村，其经历与这两座庙也大致相当。三座庙供奉的神位各不相同，但都是救当地居民于水火的志士。大田人对三座庙也很是忠信，每年祈福活动的时候都是积极捐香火钱，遇到三座庙修缮等，更是乐于筹资捐款。大田居民对民间的信仰自始至终，虔诚不减。

在大田信仰的深处，还有一块最隐晦、最神秘的领域。这块领域带有迷信色彩，却又为群众所信奉。一是算命先生。在传统时期的大田人看来，人世间的万物冥冥之中都有命在主宰，在戈德华遗留下来的手抄本中，也有这方面的内容：

占寻失物断法决

一金二金茅背寻针必向西方寻之便是金主二四八日金生巳酉丑时可见

一木二木即在眼目主三六九日木逢亥未时即见必向东南方去寻……

如此等等，很多记述可以看到当时算命先生在日常生活中几乎是无处不在，生活中任何问题都可以找他们帮忙占卜并破灾。

二是神婆。如果说算命先生是依靠后天习得的技艺来算命占卜，神婆则更是具有通灵的能力，让她们帮忙破除灾祸。传统时期医疗条件较差，人们生病之后求药无门的时候，多是找神婆帮忙。

三是地师。地师也就是风水先生，主要是看阴阳两宅的风水。上文也已经提到，大田人看重阳宅风水，更看重阴宅风水，尤其是阴宅风水，决定了后人的繁衍生息与发展走向。因此，民国期间四大家族家里就专门供养了一位地师，其坟墓至今还为四大家族的后人年年拜祭。

四是禁忌。在大田人的日常生活中，有一些涉及神秘主义色彩的信仰禁忌是不可触碰的。尤其是小孩子，从小就被教导哪些事情是不能做的，或者做哪些事情必须按照一定的传统的规矩。

第三节　宗族村习俗形态

在大田，最为重要的习俗多是呈现在村里的红白喜事以及各大节日之中，尤其是红白喜事的时候，更是能与村里一些特有的文化活动联系起来，很是有华南习俗的特点。

大田一年之中的节日,自然是从春节开始的,春节也是大田村最隆重的节日。大田人对春节的准备,从春节前的几个月就已经开始了。一入冬,大田人就开始买鸡、放鹅,而大田人养的鹅就是为春节准备的。到了离春节还有半个多月的时候,村里有些家庭开始自制一些传统的美食,村子里的节日气氛逐步浓烈了起来。大田人的春节,很重要的一部分是祭拜祠堂与神明。大年三十大清早,各家各户就开始忙了起来,最为重要的就是杀鹅。大田人爱鹅,祭祀先人与神明也是用整鹅。大田家家户户都会杀一只鹅,整只的煮熟,再煮一整块猪肉,一起带着去拜祠堂。大田村每个家庭一家老小,都会参加大年三十的拜祭。拜祭的地点除了祠堂之外,还有七八个坛社,村里的坛社主要是"石伯公"神位、"伯公树"(牛筋树)、"伯公树"(樟木树)、菩头神位等,一路走下来要两个多小时。每到一处,上香、拜祭、放鞭炮。整个过程下来,像是经历了一场标准却又不十分肃穆的仪式,更让心灵得到了洗礼,那是一种怀有敬畏的祭祀,仪式化增加了神圣感,神圣感伴随着敬畏感。大年初一的早上,则是全村人一起拜祠堂,拜祠堂也像是闹祠堂,村民放着鞭炮、舞着狮头、敲着锣鼓,将整个节日气氛推向了高潮。

　　大田其他传统节日诸如中秋节、端午节、冬至也是各有特色,端午节包粽子,冬至吃狗肉,传统的节日风俗在大田很好地传承着。当然,传统时期物质的贫乏也限制着这些节日的庆祝。对于大多数家庭而言,过节与平时并没有很大的不同。

第四节　宗族村文娱形态

大田的文化活动还是很多的，尤其是带有传统传承色彩的活动。这些活动也成为传统时期每逢节日尤其是春节的时候村民最喜闻乐见、孩子最翘首以待的文化样式。

大田武术是大田村重要的民俗文化样式。大田村武术是龙南武术的一个分支，源于龙南石联（今石角石铺村），是石联祖先郑开太在清代中末期首创，现已列为清远市非物质文化遗产。清末民初，大田村民戈帮利师从郑开太学武，将扁担、木棍、锄头、铁钯、长板凳等农家用具作为武器，并自己制作了"雪花盖顶"双刀，从师勤学苦练，精心钻研拳、棍、刀、钯等武术套路，得到郑开太的赏识并成为其门徒。戈帮利学成后回村教授本村民习武强身，并增加了一些武术套路，成为具有本地特点的大田村武术。大田武术的起源与流传有一定的历史渊源。戈帮利是大田第十二世，清末民初人，那个年代也正是大田周边地区宗族械斗最为严重的历史时期。当然，除了宗族械斗之外，盗匪横行，官府乏力，弱小宗族时刻面临着被劫掠甚至是灭村的危险。正是在这样的背景下，龙南武术兴起，大田武术也只是龙南武术的一个分支罢了。也就是说，大田武术的起源绝不仅仅是为了强身健体，而更多的则是为了加强宗族防范能力，在乱世之中求生存。大田武术自戈帮利之后在村里传播开来，村中习武者日多。当然，宗族羸弱，不是靠宗族内部一些习武之人就可以改变的，大田后来终究还是未能逃过一劫。但大田武术却成了大田村每年春节的保留节目，春节成了习武者展示的舞台，也成了一代代大田青年人因羡慕而加入习武行列的最佳契机。

舞狮是大田人最喜闻乐见的民俗文化样式。大田人舞狮主要是当地传统的鸡公狮。经过多年的习武实践，大田村将武术与客家舞鸡公狮结合一起。鸡公狮轻便灵活，舞起时有腾、挪、滚、爪、扒等多种形态动作，并有"大猴佛"伴舞。近年来大田村又引进制作"大头狮"，"大头狮"形态魁梧威武，另有一种观赏价值。大田重要活动都会舞狮，村里会舞狮的人也比较多。当然，舞狮对于村民而言是一个技术活，不同的人舞的狮是不一样的。每到春节，或者村里有重要活动，大田好玩之人都会轮流着舞狮，取悦村民。舞狮的同时，村里有一套小鼓、铜锣与之配合，很是有节日的气氛。遇到周围庙宇祈福活动，或者文化室进火等活动，周围村庄几支舞狮队也会在一起同乐，既是一起庆祝，也是暗自较量。大田狮头的正上方有一个大大的"戈"字，这也是大田人的骄傲。当然，舞狮也是代际传承的，村里的年轻人节日里回来也会跟着父辈学习舞狮，大田舞狮源远流长，长盛不衰。

旺祠堂习俗也是大田的民间习俗之一。大田村旺祠堂（又称旺龙）习俗起源于清代中期，古时全村男女老少都会一齐参加。旺宗祠活动每10年才会举办一次，一般是在冬至前择日进行，每次为期两天。

龙镇古庙祈福也是大田人每年必然参加的盛典。龙塘古庙的祈福活动每年两次，活动之前，龙潭古庙理事会成员会在龙镇古庙周围大约整个龙南的范围内筹款，每户捐款者也会送去一张平安符。在祈福的当日，龙镇古庙理事会成员一大早就开始张罗，周围乃至县城的十多支舞狮队与表演队都会前来庆祝，周围村民也会来上香，参加祈福活动。龙镇古庙当天中午也会置办饭菜，招待外面回来参加祈福活动的人。祈福的过程中，舞狮队也会浩浩荡荡到周围村庄，为捐款较多者送锦旗、牌匾。当然，捐款较多者也会集中刻成碑文，在龙镇古庙长存。

第五节　宗族村教育形态

大田村地处岭南，远离中原，自古以来对教育并不是十分重视，文化底蕴自然也远不如中原一带深厚。大田又是一个以农耕为主的小姓宗族，生活较为贫苦，村中接受传统教育的人比较少。大田历史上传颂下来的读书人仅有一人，就是清末民初的戈振球。据传，戈振球在清朝末期经乡试考取秀才，是当时大田村文化程度最高的人。后来在外地因谋职不就，回家后忧劳成疾，郁郁而终。除此之外，大田历史上没有其他有所成就的读书人传颂。当然，清末以来，大田教育得到了一定的发展，尤其是清朝末年云从社学的成立，让大田年轻人有了读书的去处。

据记载，佛冈建厅后，龙南地区划分为龙蟠堡和龙潭堡。龙潭堡的治所在鲤冈村（即今里水村）。龙蟠、龙潭两堡地处偏僻，交通不便，文化教育落后。清朝咸丰十年（1860年）冬在龙潭堡治所创建"云从社学"，以教育民众。社学取"云从"之名，源于"云从龙，风从虎"之句，希望培养出的人才如龙如虎有所作为。云从学社正门楣上石刻的"雲從社學"四个大字出自赐进士出身的佛冈县同知的陈祚康之手，至今刻有这四个字的门楣仍旧在里水小学正门。云从社学创办不久，即成为龙潭地区的文化中心，1936年郑仲如应龙潭乡绅的邀请在云从社学开办了龙潭乡中心国民学校，小潭、铺岭、石联、鲤水、长岑等地的高年级学生都来此就读。

大田人到云从社学读书的情景已经无从查证，炉洞村陆光临倒是在回忆录中简略了记述了他当年在云从社学读书的情景：

> 十三岁那年（民国33年甲申岁，公元1944年），去龙潭中心学校读一年级，当年我村有二十多人读书，校长是陈祥炳，老师是朱玉珍。第二年，继续读二年级。我读书时中午没有饭吃，所以不回家。直到下午才回家。早上母亲弄好两个鸡蛋、米等拿到学校搭锅蒸。

当然，传统时期，除了云从社学之外，大田周边地区还有很多其他的教育形式。与大田村相近的咸水村，因为与云从社学有河流阻隔，每逢雨季，孩子上学不便，于是咸水黄氏宗族就请了私塾先生。私塾先生的费用是读书孩子的家庭合理承担的，村庄太公田、太公山并不承担这笔费用。但是如果有无力承担读书费用的优秀学子，族人也会合力供其读书。炉洞村也是有私塾的，陆光林除了在三八圩读书之外，就曾有两段在村子里读私塾的经历：

> 十二岁那年（民国32年），我上学读书，本村谢光（土光伯）在楼角（二层半楼）一楼教书，读的是古书，三字经、学而。这年初入学，生读死背，我记忆力很强，四本书《人之初》《天子重贤豪》《天地玄黄》《学而》，我一口气可以背过整本书。

> 十七岁，民国37年，在本村中屋断续读书，谷树叔教古书，这一年我再从《人之初》开始读到《上孟》共五本书，即人之初、

天子重贤豪、天地玄黄、学而、上孟，还读了杂书——劝世文、杂字本。

但就大田村的教育情况，上文中也略有介绍，传统时期大田村的教育事业发展并不太好，这一方面是由于大田村农户经济较为落后，穷苦人家没有能力供应孩子读书；另一方面，大田的尝田也没有担负起供应并激励族人读书的责任。由此，大田历史上出的文人很少，真正的秀才只有一人，还有两人据说是有秀才之才、却无秀才之名。

第六节 宗族村文化实态

当前的大田宗族文化是一种融合了新的时代元素的宗族文化，既保持了宗族型社会文化的一些基质，又顺应了时代发展的需要。

一、大田宗祠维护

20世纪80年代，东南诸省掀起了重建宗祠、重修族谱的热潮。大田村也是在积极对内筹资、对外联络戈氏族人的基础上开始了宗祠重建，并于1988年最终建成新的戈氏宗祠。新戈氏宗祠分为两进，较为简单古朴，但又透着历史的厚重与宗族的庄严。当然，在大田人看来，两重院是庙，三重院方是祠堂，戈氏宗祠重建过程中只建了两重院子，最重要的原因还是资金的不足，而再建第三重院的愿望也一直还在大田人心中深埋着。只待村集体经济有所好转，这将是大田所有工作中的首要。

当然，我们从戈氏宗祠的碑文中也可以看出，重建宗祠最重要的目的还是护佑后人，这也是祖宗崇拜乃至大田人很多信仰最现实的目的。而在每年春节红纸张贴的"戈门堂上历代祖先公婆神位"的两边也是左侧写着"光宗耀祖"，右侧书写"佑护后人"。

百世流芳，先人德高望重，后辈业绩高，水有源头树有根，重修祖祠有原因。重修祖祠为后辈，先人汗墨谱千册，斗转星移数千载，戈氏兄弟血缘聚，振兴中华创四化，为寻先祖重修谱，失谱不知先祖宗，失了族谱失父姓，族谱记载传家宝，有了此谱后辈明。先祖德重如泰山，族谱传下亿万家，戈氏后辈万事兴，后辈业绩达五洋。

在宗祠为纪念宗祠建成而立的芳名碑上，组委员会还题了一首《梅花落地普照》诗词。

梅花落地普照

映青山，无限好，田辽阔，居堪雅，

庄秀丽，善浇沃，喜勤奋，五业旺，

党国功，民当尊，树新风，精神纠，

看来日，荣耀庭。

组委员会题

重建宗祠是一件十分烦琐而艰巨的任务，筹资是一大难题，续谱更是较难。几百年的历史，十五世的传承，而且中间有很多先祖并未留后，名字已经很难考证。要想将每一房、每一支的情况全部理清，是一件非常艰难的事情。于是，村里专门成立了祖祠重修经理会，祖祠重修经理成员也多是村中有名望、有公益心的老人。具体见表5-1。

表5-1 大田戈氏祖祠重修经理会成员情况表

姓名	现况	曾任职务
戈绍廷	过世	曾任生产队长，村内赤脚医生
戈绍明	在世	曾任大队治安主任、团委书记以及生产队队长
戈绍均	过世	村民
戈德洲	过世	村民
戈德石	过世	曾任生产队长
戈德安	过世	曾任生产队长
戈德柱	过世	村民

正是在理事会的共同努力下，戈氏宗祠顺利建成，并且对村中辈分进行了梳理。当然，由于族谱续谱工程量太大，一时未能完成。直至今天，村庄老人尤其是戈绍明等还是对修族谱存有很大期待，希望在有生之年能够看到戈氏族谱。当然，村内现存的几份较为完整的家族流水簿也大都是在宗祠修建过程中整理出来的。在此基础上修族谱倒也不是十分艰难，只是修谱肯定还是需要人力、物力，村中一时还没有人为此而出来带头。但是大田族谱修订已经有了很好的基础。

当然，如今的大田人，起名字的时候已经很少按照辈分了。从"德"字辈以下，人们就逐渐开始不按辈分起名，"绍"字辈不按辈分的就多了起来，而到了"中"字辈以下，人们的名字更加多元，按照辈分起名的甚至寥寥无几了。

戈氏宗祠仍是大田最为重要的场所，每年大年三十，家家户户都要拜祭祠堂，大年初一的早上，更是全村人一起热热闹闹的闹祠堂、迎新岁。平时每家每户家有喜事，也会特意准备好祭品、鞭炮，前来向先祖报喜。甚至节日期间，如果家里有人带礼物前来走亲，村民也会煮一块猪肉作为祭品，带着祭品和香到祠堂感谢祖宗恩赐。更为难得的是，大田人将在家长住的村民姓名进行排序，制作成牌，每日牌子轮到哪家，哪家就负责到祠堂上香。当然，上香地点不只是祠堂，村庄四周的坛社都要上香。当日傍晚，此家人再按照排上的名字将牌子挂到下一家的门口，以此类推，不论寒暑。

当然，对于村民而言，祠堂的要义在于祠堂是村民过世之后的灵魂所在之处，是戈氏先人灵魂集聚之处。戈氏祠堂的正面就是先人牌位，戈氏每一个过世之人都在此处。每有戈氏族人过世，大家在族人下葬之后就会择日将其送入祠堂。当然，过世之人进祠堂又有很多规矩，在外过世之人不能立刻进祠堂，而是要等春节前择日进祠堂；未成年人也不能立刻进祠堂，而要等到家里有老人过世的时候跟随老人一起进祠堂。

二、大田清明拜山

相对于戈氏宗祠的神秘与庄严，清明拜山则更显隆重与热闹。如果说戈氏族人每进祠堂都是一次富有程序感、仪式感的一件事，是一次与先人心灵的交流；那么每年的清明拜山则是借着祭扫先人坟墓的机会后人的一次聚会。拜祭祠堂某种意义上也是为了让先人护佑后人，而清明拜山则更多的是以拜山来凝聚宗族、团聚房支。

清明拜山是大田村一年当中最为重要的活动，其重要性超过了村里的红白喜事，也超过了春节、中秋节等传统节日。对于大田人而言，清明拜山不仅仅是一次对先人墓地的祭拜，更是当前宗族活力与合力的一

167

次呈现，是宗族各大小房支的一次聚会。清明拜山，拜祭的是先人，联络的却是健在的人。另外，清明拜山也是最能体现宗族社会自治的节日。总之，大田村清明拜山包含了宗族社会中各式各样的文化内涵，是了解大田村、了解宗族社会最为重要的突破口。

需要澄清的是，大田村的清明节，并不只是一天，而是数天。数天又不是连续的几天，除了清明节当天之外，哪几天拜山完全是村内各房各支自行约定的结果。在大田村，清明节当日上午到始祖戈明汉墓地与二世祖戈成邱公的拜山是最为隆重的，也是全村每家每户都会参加的。其他的拜山活动，则是村人或大房或小支相约拜山，拜山的过程也是观察戈氏宗族房支分布的最佳机会。

清明节前，村里外出的人大多都会返乡，准备参加第二天的拜山。每家每户准备的物品大致有鞭炮、纸钱、烧香等。清明节早上的九点钟，大田村民小组长戈绍否就开始围着村子里边吹哨子边喊"给老太公拜山了"。在没有了族长的时代，村民小组长俨然已经开始扮演族长的角色，只是此时的村民小组长除了召集与服务之外，就再也没有其他的什么权力了。

始祖戈明汉公的坟墓在龙塘，距离村子还有十多公里的路程，村民们相约而动，有车的开车，没车的就骑摩托车。大家带着的不仅有鞭炮、猪肉等祭祀用品，还有镢头、锄头、镰刀等农具，主要是为了修葺先人墓地所用。前去扫墓的都是一个祖先所留，就是一家人，所以村里的十多辆机动车也就义务性地承担起运输功能，村民们如无交通工具，只要看到等在村口的车上还有座位，便可同去。当然，参与拜山的，不只是大田人，居住在龙塘村、石铺村以及居住在清远市区的戈绍顺等人每年也都会回来参与拜山。所以,应该说,拜山的不是大田人,而是戈氏族人。此外,始祖戈明汉的墓地所在山地现属龙塘村,四大家族也有一些祖先墓地在此周围。这也说明当初村民可能对此相互达成默契,其他地权可以相争,墓地却可以择地而建,不必严格按照土地产权。也正是因为如此,外村人有先人坟墓在大田,大田先人墓地也遍布龙南各村。以戈国星家族2015年清明节拜山为例,具体见表5-2。

表5-2 戈国星家族2015年清明节拜山情况表

时间	祭拜坟墓	聚餐情况
4月5日上午	祭拜始祖戈明汉、二世祖戈成邱以及四大家族的部分墓地	中午在戈国星家,戈国星祖父所留后代吃清明节特色小吃,共16人
4月5日下午	祭拜戈国星祖父戈邦珍夫妇及其后人	傍晚在戈国星家,戈国星祖父所留后代聚餐,共16人
4月11日	祭拜戈国星十世祖举超公以下各房支共同祖先	傍晚在村里聚餐,每人均摊11元钱买菜,共50人左右
4月12日	祭拜戈国星八世祖文发公以下各房支共同祖先	晚上四大家族聚餐,每人均摊10元买菜。四大家族现共120人左右
4月18日	祭拜戈国星三世祖以兴公	带着米酒、烧肉、花生等吃食在墓前聚餐,每人均摊5元钱。戈以兴后人共200多人

大田也并不是每一个人都会来太公墓地祭拜,每个家里的人都有一定的分工。如戈国星一脉,自其祖父以下2015年有16人清明节在家(表5-3),参与拜太公山的有八人,两人去修葺自己家族的墓地,三个女性在家负责准备饭菜,还有三人因为年迈而不再参与拜山。其中,戈国星三叔、三婶平时居住佛山,每年清明节都回村,虽因年迈不能拜

山，却回村以表心意，也好与家人团聚一下，这也是他们一年之中唯一一回大田过的节日。大田每家每户大致都是如此，但每家每户又不尽相同，有些小户人家如若中午或晚上没有聚餐，就会全家一起出来拜山。清明节里的大田人不管在哪里，都是在围绕拜山而忙碌着。正是因为这样的分工安排，大田人2014年参加清明拜太公山的大约有160多人。成年人或有分工，未婚的年轻人都会来参加上午的拜山。一代代人从小耳濡目染，潜移默化中在心底埋下一颗敬畏先人的种子。世人多说内容重过形式，然形式又何尝不是承载着内容，没有这年年的清明拜山，年轻人哪里还会知晓百年以来每一位先人的坟墓坐落何处？

表5-3 戈国星家族2015年清明节上午拜山分工表

活动	人员
参与拜太公山	戈国星，戈国星两个儿子，戈国星哥哥家的两个侄子，戈国星叔叔家三个侄子（女）
准备下午拜山	戈国星五叔，戈国星哥哥
在家准备饭菜	戈国星五婶，戈国星嫂子，戈国星妻子
年迈不再拜山	戈国星父亲，戈国星三叔，戈国星三婶

清明拜山先到墓地的大田族人先是铲除墓地杂草，修葺墓地环境。当然，做活的一般都是中年男性。清明节也是大家难得聚在一起的机会，相互聊上几句，很有回到家里才有的温馨。就在修葺坟墓的过程中，戈氏族人也逐渐地聚齐。

在正式的祭拜之前，先是村民戈德甲讲话，因为年纪已过60，在拜山的人中也算大年龄的了，又因之前就在村里做干部，因此现在也算是村里的"长老"了。戈德甲主要是跟年轻人讲述一下祖先的来历以及先祖葬在此地的历史。接着发言的是新选的大田村村支书戈志流，戈志流主要是讲了一下新农村建设的情况。最后发言的是村民小组长戈绍否，也是针对村里村容村貌的维护问题讲话。一时间，太公戈明汉墓前竟也成了一个会场。也是大田人聚的最齐的时候。

正式的祭拜开始之后，大家纷纷拿出自家的香、烛、纸钱等点上，并拿自家煮的猪肉等上前祭拜。祭拜之后，大家纷纷将各自的鞭炮摆在墓地四周，点火之后，浓烟四起，鞭炮齐鸣，在青山绿水间升起一注浓烟。放过鞭炮之后，大家再到先人墓前，作三个揖，鞠三个躬，整个仪式才算结束。拜山之后大家纷纷离去，或是到附近先人墓地祭拜，或是回大田周围的墓地祭拜。等到上午十一点的时候，大家又将聚集到全族共同的祖先二世祖戈成邱的墓前祭拜。戈成邱的墓地在大田后山，除了地点不同之外，人数、程序与祭拜太公时几无分别。

清明节上午祭拜完两位先祖之后，下午大家一般会祭拜自己小家族的先人。像戈国星家，就是祭拜其祖父戈邦珍以下过世之人。同很多近二三十年些年来过世的人一样，戈邦珍等人的骨灰并没有下葬，而是装在骨灰坛中一并列的排在一起，周围休憩成墓园，掩映在树林之中。

清明节的晚上，很多家族都会有一个小的家庭聚餐，聚餐规模或大或小，但一般都是祖父留下的堂兄弟之间的聚会，大的家族有四五桌，小的家族一两桌。如若家里有外面回来拜山的兄弟，聚餐的时间一般从傍晚就开始了，以便吃完饭后返程。

每年的清明节，一般也都是水田插秧的季节，清明节后，大家一般先忙着插秧，等到下几个周末再行拜山。当然，之所以都是选择周末拜山，最主要的考虑也还是读书的孩子们能够参加。每一次拜山都是按照所拜祭之人世系而有不同的规模，每一次拜山都会有一次或大或小、形式不一的聚餐。当然,每一次的聚餐的花费都是大家筹资的。具体见表 5-4。

表 5-4 四大家族 2013 年拜山开支情况

物品	开支(元)	菜品	开支(元)
蜡烛	18	猪肉	110
元宝	5	青菜	55
白纸	10	马铃薯	35
衣纸	18	鸭子	240
香	15	烧肉	40
纸钱	22	豆腐	32
炮仗	593	酒水	100
文化室使用费	100	米	55
合计		1448 元	

拜山的过程实际上既是凝聚族人、提升宗族认同的过程,又是明晰房支、分清亲疏的过程。清明节对于在世之人在精神与文化上的意义是不可估量的,清明节拜山甚至比春节拜祠堂更具意义。2015 年,为了 2016 年拜山方便,打破以前先花费后凑钱的方式,大田村还成立了拜山捐款基金会,提前筹款 1780 元,为 2016 年拜山做准备。具体见表 5-5。

表 5-5 2015 年拜山捐款(基金会)

姓名	金额(元)	姓名	金额(元)
戈细镰	100	戈桂林	100
戈德甲	30	戈月明	100
戈庙基	100	戈绍荣	100

续表

姓名	金额（元）	姓名	金额（元）
戈庙强	100	戈志流	100
戈金水	100	戈佰宁	50
戈新疆	100	戈庙其	100
戈林新	100	戈社榕	100
戈坚强	100	戈德威	100
戈思潘	100	戈国星	100
戈润东	100	合计	1780

三、大田民间信仰

信仰是社会文化的根本与内核，是一个社会在精神层面最凝聚的呈现，也是一方百姓在内心深处最本真的坚持。大田村的信仰更多是一种基于底层生存的社会信仰，是具有乡土特色的民间信仰。

大田信仰最为重要的便是祖先信仰。大田人坚信，大田今日的运势全都是祖先在天堂护佑的结果。当然，对于大田先祖，全村里首先就有一份荣耀感。大田先祖虽然是以耍猴为生，但自在此定居之后，开枝散叶，发展较快，在大田人看来这一是大田家族的力量，二是大田戈氏的命运与此地的风水相契合。当然，大田人也还是相信，祖先能够庇佑后人，也要看先人坟地的风水。也正是因为这个缘故，大田始祖戈明汉的坟墓由大田迁往水头，后又迁到了龙塘，就是为了寻一块风水宝地，让先人安息，使后人荫护。当然，如前所述，大田各个房支发展情况的不同，也都被认为是由各个房支的先人坟墓风水决定的。如此，近年来，大田人对于将先人下葬极为谨慎。当然，大田祖先信仰的另一呈现就是大田宗祠以及对大田宗祠的维护与敬畏，前文已述，在此不再赘述。

当前，龙镇古庙是大田周边香火最旺的庙宇，每年有两次大型的祈福活动，春节、清明节等也是香火较旺。龙镇古庙平时则是由理事会管理，每天有专人负责维护与上香，龙镇古庙至今仍有公用经费七八万元，其中两万元还借给了新庙做建庙之用。当然，从龙镇古庙供奉的冯师爷的故事中可以看出，具有传奇甚至是神话色彩的冯师爷更是人们基于对虎患的无奈而对神灵的期待。人们希望有一个像冯师爷一样的人能够驾驭猛虎，救万民于水火。当然，冯师爷的故事多是人们的美好想象，也正是因为如此，直至今日，龙镇古庙门口还挂着"冯师爷保平安"的红色条幅。

在大田信仰的深处，还有一块最隐晦、最神秘的领域。这块领域带有迷信色彩，却又为群众所信奉。大田五保户之一戈绍佳现年66岁，终生未娶。戈绍佳眼睛有残疾，未曾读一天书，连自己的名字都不会写，但却是村里的算命先生。直至今日，戈绍佳依然以算命为生，经常背着一个惠普的笔记本电脑包到佛冈等地帮人算命。同时，戈绍佳也可以帮人择日子。在大田，村里有人盖房子、娶媳妇、新房进火、修建锅灶、挖水井等都会到他那里去择一个日子。择一次日子自然也是要有报酬的，如盖房，择一个日子一般需要100元。大田人对此还是比较相信，他们认为好日子会保佑平安与顺利。当然，大田周围也是有好几个算命先生，大家也是凭自己喜好找不同的算命先生，但是不管怎样，一遇大事，总还是要找他们指点的。大田村民戈绍志的爱人陈财娣则从事着更为神秘的职业——神婆。神婆在华南地区是一个极为神秘的行业，大田村现在仅有陈财娣一人。之前的村里神婆是陈财娣的婆婆，2014

年刚刚过世。周围村庄有谁家的家人病了,就会前来请求神婆帮忙,仪式完成之后会燃放一挂鞭炮。每次为村民施法驱病,也会有几十元的收入。在大田村,人们对于算命先生与神婆有根深蒂固的信赖。

除此之外,大田民间还有很多带有古老神秘色彩的禁忌。大田人带着礼物到他家做客,主家临走都会给一个小的红包,但是如果是前去探病,返回来的红包不能带进家门,而是要在外面就取出红包里面的钱,将装钱的红包丢掉。大田人家里如果有人过世,一个月之内不能到别人家里去做客,否则就会给对方带来不好的运气。此外,在近些年,相机尤其是手机上的相机使得拍照十分便利,但在大田,很多地方是不能拍摄的,尤其是宗祠以及村里丧葬、送灵、祭拜等场景。当然,随着社会的发展,原本万万不可违反的禁忌也已经开始松动。但是,这些千百年传下来的禁忌还是成了大田社会最为神秘、最为隐秘的信仰的一部分。

当然,算命先生、风水先生、神婆以及社会禁忌等带有迷信色彩的信仰的存在,一方面是村民对于很多自然与社会现象无法解释,尤其是在命运面前无能为力的情况下的一种无奈之举,是在科学还没有照亮的黑夜中的无助。另一方面,很多禁忌的存在也是村民对信仰虔诚的原因,他们在内心深处坚持着这些不变的信念,认为这一切决定了个人的发展与家族的命运。

四、大田节庆民俗

大田乡土文化,内在体现在民间信仰,外在呈现在节庆之中。大田人的每一个节日,都承载着大田乡土文化,大田乡土文化渗透到了大田节庆的方方面面。当然,大田节庆文化也在不断地发展变化之中,逐渐有了一些新鲜元素。

大年三十一大早,承载着以前族长职责的村民小组长就到祠堂贴对联。一个祠堂,里外几重,要贴三副对联,然后每一个坛社也是要放一副对联,代表了农村人对未来一年的期望。大年初一的早上,村民小组长吃完早饭又会带着象征他权力与职责的哨子出了门,在村里一阵猛吹,边吹边喊:"祭祖了!"各家各户都走出家门,村里好玩、会玩的几个年轻人舞起了村里的狮头,村里的人们也将准备好的鞭炮在祠堂旁边放个不停,整个小村落在大年初一的清晨沉浸在了热闹而祥和的春节气氛之中。祭祖之后,村里人会聚到新修的篮球场,村里的戈武福、戈伟国、戈继平等人会为村民表演大田武术,无论是用长凳、棍棒、双刀,还是赤手空拳,个个都是一身的绝活。武术表演之后是每年一度的篮球赛,村中的青年人对此热情很高,现在村里新建的篮球场也让篮球赛有了更好的场地,而且村子里集体经济好了,每年也会拿出几百元钱奖励给获胜的一方。

当然,大田人的春节最基本的还是吃,吃的最隆重的一餐又是大年三十的年夜饭。年夜饭在大年三十的下午就一直开始准备了,菜的丰盛程度自然不必多说,这毕竟是一年之中一家人在一起吃的最隆重的一餐饭。有些小的家族也会几家人聚在一起吃年夜饭。家里的长辈会发给晚辈红包,村子里结了婚的人只要是见了未婚的人也都是要给一个红包。当然,广东人的红包与外面不同。他们分红包的范围很广,额度却不大。大田的红包一般都是二十块、十块甚至五块,钱虽不多,却是一个心意,也是一个好的彩头。大年三十的晚上,大家会相互拜年,年轻人更是会借着这难得的机会聚在一起,喝酒聊天,谈天说地。

春节期间,亲戚之间自然也会相互走动。大田人走亲,多是带着一盒点心,至亲的人则会带更多的东西。家中来了亲戚,主人家饭前就会切一刀猪肉放在锅里煮熟,带着鞭炮之类的去祠堂祭拜,感谢祖先的保佑,让后人有礼物可以收。亲戚来了,自然是热情的招待。喝酒也就是必不可少的。而且大田人对于酒桌是很随意的,中间来了邻居串门,也会一并让个位置一起喝。大田村村子不大,彼此的亲戚甚至都会认识,大家坐在一起,有的是惬意,没有一点的生分感。总之,整个春节是大田最隆重的节日,每个大田人心里都有一份关于春节的情结。

春节隆重,中秋节却是温馨。中秋节在中国是团圆的节日,每到中秋,所有中国人都希望一家人共赏一轮圆月,同吃一块团圆月饼。大田中秋节,在外的人们也会尽量回到家中,丰盛的晚宴自不用多说,大田中秋的重点节目是晚上的赏月。中秋夜的八九点钟,月亮初升,柔光铺洒大地。大田人家家户户都会搬一张桌子到巷道中来,或是对门的两家拼一张桌子,上面摆满了刚炒的田螺等小炒、中秋的月饼、各种水果与点心,然后就是三五瓶啤酒,或者一瓶当地的米酒,一家人围坐在那里赏月,说说笑笑,很是惬意。大家也会相互之间到邻居家的桌上喝一杯酒、吃一点点心或是水果,也是融洽的邻里关系的一种表现。还有人家会用砖头垒砌一个简单的烧烤炉,烤鸡翅、烤鱿鱼、烤香肠都是孩子们的最爱。在柔美的月光下,大田的每条纵向的巷道里都是菜肴的美味、美酒的香味以及孩子们的欢笑声,那份温馨与惬意又怎能不让每一个在外的游子所眷恋。

隆重的是春节,温馨的是中秋,最富有仪式感、最体现宗族感、最富有历史感的则是清明节。如上所述，大田清明节是最聚人的节日，几乎每一个大田人都会回家祭祖。在大田村，每一个重大节日，都是村民家庭聚会与家族聚会的机会。但是，随着外出务工人员的增多，节日里的聚会对于大家来说也慢慢地变成了一种奢华。像春节、中秋节的节日氛围还比较浓厚，但也会有外出务工的人们因为加班不能赶回来，而清明节，大家是一定会回来的。而且与其他节日不同的是，清明节里大田人不是小家庭、小家族的聚会，而更是整个宗族的聚会。尤其是清明节后几次拜山中的聚餐，让不同的房支聚在了一起，大大加深了村庄内部村民之间的感情。

大田其他传统节日诸如端午节、冬至也是各有特色，端午节包粽子，冬至吃狗肉，传统的节日风俗在大田很好地传承着。当然，随着城镇化的推进，外出务工人员的增加，端午节、冬至外出的人回家的就相对少了很多。村里的老人也会感叹，这些节日里村里的人气越来越淡了，都没有什么动静了。当然，即便是在端午节，村里也有礼物的流动，粽子就是端午节最好的礼物。谁家煮好了粽子，都会给邻居送几个过去，不同锅里面出来的粽子，有着不同的味道，相互尝一下，吃的不仅仅是粽子，更是感情。

除了传统的节日之外，洋节日也开始进入了大田村。随着村里面外出务工与读书的人越来越多，年轻人也开始将西方节日带回了大田。当然，年轻人是不会将圣诞节、情人节之类的节日带着回大田过的。但是母亲节、父亲节他们却会想起家中的父母，尤其是母亲节，已经成为村里面的一个重要的节日。2015年母亲节当日，村里刚刚读三年级的戈伟珊一定要到佛冈县城去，因为昨晚他接到了在外读书的哥哥的电话，让她帮忙给妈妈买一份母亲节礼物,她要到佛冈县城去为妈妈买一条裤子。村民张金碗也没有去上班,而是一大清早就去买了骨头煲汤,还准备做蒸排骨、攘茄子等硬菜,因为在外读书的儿子打电话回来,说要回来给自己过母亲节。张金碗做的一桌好吃的,说是为自己过节,更多的却是为了孩子。

五、大田教育事业

中华人民共和国成立后,云从社学所在地也一度是龙南地区的中心小学。直到1965年随着陇南人民公社驻地搬到龙塘,龙塘新建了中心小学,龙潭中心小学变成了普通的村小学。① 大田村距离云从社学不足一公里,步行十分钟可达,十分便利。但民国时期村中遭受浩劫,直到中华人民共和国成立前夕村中百姓仍旧未能恢复元气,生活较为贫苦,自然很少有人能够就学读书。直到中华人民共和国成立后,大田人读书的人才多了起来。村民戈德辉今年(2015年)81岁,1935年生,到了15岁才进入学校读书,后来也因此有了正式的工作,如今是村中四位有退休工资的老人之一。也正是从这个时候开始,村里有人读书,并因读书而走出农村,如戈月明、戈绍顺等人。当然,村里也出了几名老师,年纪最大的是戈焕新,再就是他的侄子,后面戈北燕的女儿也做了龙南中学的老师。

当然,我们也可以看到,村庄读书人也呈现出一定的家族性。戈焕

---

① 《佛冈文史》(第十六辑).

新是村里最早的乡村教师，他的侄子戈绍顺中山大学毕业后也是先做教师，后来才转到政府工作，最后在清远市委党校的任上退休。另外一个侄子也是做过乡村教师，后来因为收入问题转到了其他行业。近年来，村里人对教育的重视程度不断提高，这也是得益于一些人家的带动，戈北燕的儿子、女儿都读了大学。戈绍否也是一家三朵金花，大女儿已经本科毕业，二女儿正在读专科，小女儿也是成绩优异。戈桂林的两个女儿也都读了本科，儿子读了专科。在这些家庭的带动下，村里孩子的读书热情逐步提升，家长也越来越重视孩子的教育，大田教育风气逐步扭转。

如今，大田村的孩子一般从四五岁就开始到龙南街读幼儿园，龙南街有四家幼儿园，规模较大，且幼儿园老师多是专科学历，女性较多，有着较高的教学水平。里水小学距离大田较近，大田学生都是步行上学。小学三到六年级则是在两公里之外的龙塘中心小学，龙塘中心小学是香港爱国人士杜景成先生捐建，因此校名是杜景成希望小学。龙南中学在龙南街的西侧，距离大田较近，仅有一公里路左右。龙南中学规模较大，高年级的学生也都是住校的。读到高中，则全部要去佛冈县城，自然也是要住校。整体而言，大田村学生就读较为方便。但是，不可否认的是，大田周边的中小学学校设施陈旧、教师水平有限，整体教学水平与县城有所差距。

幼儿园的收费也是较高的，一般每月在500—600元。如果是学校校车接送，每月还要多交120元车费。因此，家中读幼儿园的孩子较多的家庭教育压力较大。村民戈木林因有五个孩子，最小的一个儿子也未能在龙塘读幼儿园。大田孩子读小学一到三年级是在里水小学，也就是在原来的云从社学旧址。相对于幼儿园阶段的较大花费，到了中小学的义务教育阶段,花费较少。等到高中阶段,就读学生的花费再度攀升。初中之后,大田更多的孩子读了中专或技校,而且很多都是到市外读书,花费较大。至于读到专科或本科,花费自然更大。每年的费用不小于两万元钱。村中还有几个学生是读三本院校,每年学费就高达15000元,年消费在30000元左右,自然对农户造成了较大的经济压力。

截至2015年大田村现有在读学生67人,占大田人口总数的33.4%。其中,读幼儿园的学生17人,占比25.37%;读小学的学生26人,占比38.81%,幼儿园与初中的学生占了一多半。村庄读初中的共有6人,高中生3人,中专生5人。此外,大田在读专科生、本科生10人,占在读学生的14.93%。当然,从性别来看,大田在读男生37人,占比55.22%;在读女生30人,占比44.48%,男生稍多于女生。但有意思的是,在大专以上层次,男生3人,女生7人,女生占77.78%,大田村村民接受高等教育的情况也印证了当前女生读书更刻苦、男生读书需要全社会更多关爱的现实。具体见表5-6。

表5-6 大田村在读学生情况表

读书层次	男生人数	占比	女生人数	占比
幼儿园	12	32.43%	5	16.66%
小学	12	32.43%	14	46.67%
初中	4	10.81%	2	6.67%
高中	1	2.70%	2	6.67%
中专	5	13.51%	0	0.00%
大专	1	2.70%	2	6.67%
本科	2	5.41%	5	16.67%
合计	37	100.00%	30	100.00%

随着家庭收入的好转与对教育重视程度的提高，村中的教育风气有了一定的好转。但是如今大田 18—40 岁村民大多在外务工，村中很多孩子是隔代抚养，家长对孩子的教育关心程度与关注程度还是不足，村庄中小学生每日放学之后都是玩耍为主，节假日更是缺乏辅导。由此，大田村教育还是有待进一步的发展。当然，教育的最大问题不在教育本身，而是在于当前这样一个变迁中的社会，如果整个社会二元体制不从根本上打破，农村的教育问题就难以得到根本性转变。

六、大田文娱活动

大田信仰文化内含于大田宗族社会的机体之中，流淌在大田人的血液之中；大田节庆文化、民俗文化是重要日子里的庆典，是大田人的盛会。而与大田人日常生活最为密切的则是休闲文化，则是每天看的电视，每天听的收音机，大田休闲文化是大田人生活的一部分。

如今的大田，公共文化较为匮乏，每家每户最为倚重的休闲莫过于电视了。大田每家每户都已经有了电视机，多数家庭已经是 40 英寸的液晶电视，但也有少数贫困家庭还是用传统的电视机。此外，村中电视都已经是有线电视，收电视频道较多。当然，多数大田人看的都是粤语频道，尤其是村中的老年人，不会讲普通话，因此多喜爱粤语频道。当然，电视前面的主力军永远都是孩子，村里的孩子们课余时间看电视比较多。虽然现在家家户户都有电视机，但是人们有时还是喜欢在晚上的时候凑到一起看电视，边聊天边看电视，打发无聊的夜晚。村民戈德甲就是经常会晚上到戈国星家看电视，开玩笑说是为了节省家里的电费，实际上主要还是为了能够大家坐在一起聊聊天。

相对于电视机，村里面听收音机的人已经很是少数，只有几个老年人还有这样的习惯。另外，听音乐尤其是听一些经典老歌也是老年人的爱好。村民戈德辉生日之时友人送了一个小的音乐播放器，老人家每天就将音乐打开，围着村子的环村路走路锻炼身体。戈德辉也是全村唯一一个每天早晨坚持锻炼身体的人，老人家 80 多岁，腿脚因病出了点问题，但是每天坚持早起锻炼，坚持凉水冲凉。当然，村里还有几个人有听音乐的习惯，尤其是在下田劳作的时候，打开播放器放着歌曲，还将音量放到了最大，辛苦劳作的同时增添一份生活惬意。

对于村里的年轻人而言，他们更钟情的却是网络。在大田并不是每一户都有了电脑，电脑在大田的普及率还是比较低的。但是现在的智能手机已经成为无所不能的网络终端，玩游戏，聊微信，大田年轻人相对父辈而言已经越来越多地把自己置身于网络的虚拟世界之中，面对面的交流反倒少了很多。总之，年轻人的玩法跟父辈已经不一样了，他们走向了更为信息化的时代。

七、大田公共文化

近年来，新农村建设过程中，村庄公共文化得到了很好的发展，尤其是文化室的建成以及国开行广东省分行援建的儿童活动室的对外开放，让村民有了新的现代公共文化，新文化的形成一定程度上也在提升着村庄的整体文化氛围。

与此同时，大田还开展了"美丽家庭"评选、农民趣味运动会等活动。尤其是农民趣味运动会,既调动了广大村民的积极性,又吸引了珠三角地区大量的游客,提高了美丽大田的知名度。此外,大田新农村演讲比赛等活动也正在积极地筹备之中。

村民戈绍明为演讲比赛准备的两首诗歌

(一)

东临平娘北依坡,隐龙沉沙气沉豪。

南于朝阳近瑞露,泉水潺潺绕村过。

西丘坡青映翠色,田野稻穗泛金波。

北坡青松映美景,村民生活步步高。

敬老互助品德美,依山傍水好风光。

(二)

大地铺开幸福花,

田野稻花分外香,

村容村貌换新装,

民众生活大改观,

心齐稳步奔小康,

向着发展中国梦,

党的改革暖人心。

除此之外,为了在大田将核心价值观与乡土文化有效结合在一起,既传承优秀的民族文化,又激励人们积极投身新农村建设,还感激在新农村建设过程中为大田村做出贡献的人们,大田村还筹划了一次"感动大田十大人物"的评选活动。虽然后来因为种种原因,活动并未能举办,但是从这些人物的身上已经从这次活动的初衷中显示出了大田的文化特质与内核。

2013"感动大田"年度人物先进事迹

一、"感动大田"2013年度人物

1."感动大田"2013年度人物——罗京玲

"八年如一日照料瘫痪大嫂，一事做八年尽显妯娌亲情"

2."感动大田"2013年度人物——戈小英

"柔弱之躯力鼎家庭变故，勤劳之手赢得邻里称赞"

3."感动大田"2013年度人物——刘海如

"相夫教子打造美满家庭，侍奉公婆引领孝敬风尚"

4."感动大田"2013年度人物——戈庙强

"勤劳节俭尽显农民本色，挥汗如雨书写致富人生"

5."感动大田"2013年度人物——戈谷钱、戈文通

"兄弟齐心报答父母养育恩，父子深情感动大田众乡邻"

6."感动大田"2013年度人物——戈月明、戈桂林、戈绍荣

"一门三兄弟走出大田不忘大田，十年三五次奉献大田感动大田"

7."感动大田"2013年度人物——戈嘉怡、戈嘉聪、戈嘉慧

"懵懂之年经历家庭沧海桑田，童真欢笑扯动旁人恻隐之心"

8."感动大田"2013年度人物——刘顺带

"八十岁驼背老人为新农村无怨无悔，独一人五保阿婆自强自立笑对人生"

9."感动大田"2013年度人物——戈绍否

"着力培养三朵金花，朵朵闪耀；一家引领教育风尚，家家学

习"

10. "感动大田" 2013 年度人物——戈国星

"木讷寡言公平处理乡村事，少说多做一心只为大田人"

11. "感动大田" 2013 年度人物——刘恩举

"义无反顾，只身踏上乡建路；不畏万难，一片冰心留大田"

12. "感动大田" 2013 年度人物——蔡友琼

"半百之人心系三农重回百姓家，资深美女走进大田融入新农村"

13. "感动大田" 2013 年度人物——朱建星

"高瞻远瞩，指点新农村建设之路；脚踏实地，俨然已成大田自家人"

14. "感动大田" 2013 年度人物——曹庆佳

"日日走大田，棒小伙用脚丈量寸寸土地；

夜夜思大田，老领导用心做好件件小事"

15. "感动大田" 2013 年度人物——范兰义

"走出讲台，帅哥教师踏上乡村小路；

融入大田，年轻小伙赢得群众口碑"

二、"感动大田" 2013 年度特别奖

"感动大田" 2013 年度特别奖——大田第一届理事会

"齐心合力操劳邻里事，不计报酬共建新农村"

从这份名单中我们可以看到，在大田这样一个宗族社会传统比较浓厚的自然村落，人们所传颂的还是孝顺、贤惠、勤劳、贤德等传统的乡土价值观，对一个人的评价也还多是从这些角度出发。当然，随着市场经济程度的不断加深，人们对于经济能人开始追捧，经济能力也已经成了考量一个人的重要指标。但是大家更为看重的还是一个人道德层面的东西。村民戈庙强踏实能干，凭着一身的力气在家务农，虽然收入不是很高，但是村里人也是十分认可。与之形成鲜明对比的是，村民戈新金是村子里唯一靠打工实现城镇化的村民，在广州拥有两套房，佛冈县城有一套房，还在家里盖起了新的楼房。但是一直以来却鲜有为村里贡献，甚至在文化室进火时吃完饭一分钱未捐就走了，还不如村子里的普通村民，很是为村民们不满。所以说，乡村社会文化还是带有浓厚的传统宗族色彩，对于共同体的认同是贯穿其中的。

第六章

宗族型村庄的治理形态与实态

关于传统宗族社会的治理形态,学界已经有了较多的研究,但对于整个宗族型村庄治理的性质还是存在较大的分歧。较为普遍的看法认识传统乡村治理主要是社会自治,尤其是远离京畿的华南地区,更是自治的沃土。但也有观点认为,"王权不下县"只是一种学者的理想建构,或是王朝更迭时的短暂现象,皇权从来都是直接延伸到乡土社会的。本书对于民国之前的典型的传统治理形态已经无法完整建构,但从民国时期的大田来看,村庄治理基本呈现出一种多元主体协同共治的态势。一方面,正式的体制性治理力量已经下沉到了自然村一级,渗入到了乡村社会的最基层;另一方面,乡村社会的治理又主要是多层次、多样化的社会自治机制在发挥着作用。由此可以推断,民国时期的大田村治理,呈现的是一种宗族自治为主体的多元共治态势。

<<< 第六章 宗族型村庄的治理形态与实态

第一节 宗族村治理概况

与现代社会相比，传统乡村社会整体上说的确是一个"皇权不下县"的社会，乡土社会主要是处于社会自治的状态。大田村又地处岭南，远离国家政治中心，村庄治理中的宗族自治元素更多，所起作用也更大。因此，大田有着深厚的社会自治底蕴，或者说，大田村治理的底色就是自治的。当然，也应该看到，自治对于大田来说，也是一种无奈，在国家正式的体制性权力不能为最底层的村民提供各种保障，甚至连最基本的安全保障都不能提供的情况下，农民只能因地缘、血缘、族缘等而聚集，从自卫、自力、自律走向全面的自治。

大田所在的佛冈县地理位置较为偏僻，一直未独立建制，清朝时归清远县或英德县管辖。雍正四年（1726年），广东巡抚以观音山界连广韶，匪徒啸聚出没其间，清远、英德二县管理不到，请求以吉河乡大埔坪为县城划拨地方立县。但部议设县经费开支庞大，只准允添设同知驻防弹压。[1] 雍正九年（1731年），在吉河乡大埔坪设捕盗同知一员，辖清远、英德、从化、花县、广宁、长宁六县捕务，并移左营田汛总千总一员同驻。[2] 嘉庆十八年（1813年），划出清远吉河乡、英德六乡（高台乡、白石乡、独石乡、迳头乡、虎山乡、观音乡）设佛冈直隶军民

---

[1] 佛冈县地方志编纂委员会. 佛冈县志 [M]. 北京：中华书局，2003：20.
[2] 佛冈县地方志编纂委员会. 佛冈县志 [M]. 北京：中华书局，2003：20.

厅，直隶于广东布政使司，设厅同知。① 大田村当时还是沿袭旧称大份田，属于是吉河乡龙蟠堡的22个自然村之一。当时的龙蟠堡大致就是今日龙塘村一带。同治年间，大份田从龙蟠堡划到龙潭堡，从此就基本属于今日的里水村。

传统大田地处岭南蛮荒之地，自清代以来盗匪横行、械斗不止，而正式体制性权力对此力有不逮。从清朝历史中，可以看出，佛冈地区起义较多，盗匪横行，而官府在与盗匪的斗争中时常处于下风，根本无法为百姓提供基本的安全保障。官府有时候甚至还要借助乡绅的力量剿匪。官府连最基本的安全保障都不能提供，公共医疗、社会救助等更是无从谈起。乡村社会只能依靠社会自治以自保、自力、自存、自强。

当然，我们也要看到，作为正式的体制性权力，官府也一直致力于社会秩序的维护。像最开始设立佛冈县的动议就是因为当地盗匪横行，清远、英德两县难以管理。最开始在佛冈设立的又恰恰是捕盗同知。佛冈设厅之后，当地管理也是一直致力于地方秩序的维护。但是很多时候不是不用心，而是力不从心，乡村社会"战国"的状态并没有得到根本性好转，乡村的社会秩序主要是依靠一套乡土的规则自我运行并维护着。当然，乡土的规则更多的就是武力的方式。由此，清末民初的佛冈农村，不仅仅盗匪横行，村民为了自卫自保也走向了武装化，几乎每一个村庄都在械斗中得到了磨炼。当时的乡村社会更像是一个弱肉强食的丛林，每一个村落都作为一个共同体在丛林中自保。

整个村庄周边基本就是一个自治的江湖，村庄内部更是一个自治的

---

① 佛冈县地方志编纂委员会. 佛冈县志 [M]. 北京：中华书局，2003：21.

共同体。大田村本就是同宗同族,是一个单姓村落,村落内部经过几百年的发展变迁也形成了宗族自治的传统。大田虽无地主大户,但是也有家境较好、实力较大的家族,他们对于族中事务具有较大的发言权,甚至可以决定关系大田村生死存亡的大事。民国15年大田村被烧村的劫难,就源自大田强族胁迫村民在宗族械斗中转而支持刘姓所致。当然,村庄共同体内部的自治不仅需要自治的主体、自治的机制,也需要自治资源。大田作为一个宗族共同体,最为重要的自治资源就是村中的公田与太公山,大田的尝田情况前文中已经几次提到,在此不再赘述。

当然,传统大田村在整体上处于一种自治状态的同时,体制性的权力也已经开始进入乡村社会,并发挥着越来越大的作用。尤其是到了民国末年,宗族内部自治开始出现问题的时候,体制性的力量就有了进入并发挥作用的契机。大田村民国36年的纠纷就充分地说明了这一点。

到民国末年,大田的治理进入了一个全新的阶段,一方面,宗族内部的治理进行了自我转型,在民国15年村庄未遭破坏之前的治理秩序在当时显然已经式微,村庄原有因经济、武力的强势而获取到村庄管理权的群体的权威性开始遭受挑战,族人开始试图建构一种新的更为公平、更为民主的自治体制。另一方面,当大田内部的治理纠纷无法通过自治的方式加以解决的时候,正式的体制性权力也就有了较好的契机进入大田,甚至于大田内部的不同群体开始借助于体制性的权力来争取宗族内部的领导权。由此,在大田村又似乎形成了一种多元主体协同共治的局面。不管怎么说,从豪强治村到民主治村,从宗族自治到协同自治,是民国末年呈现出来的一种崭新的治理走向。从宗族自治的角度看,这可能从某种意义上说是一种治理的衰败,尤其是在对村庄秩序维护方面的能力减弱。但是从整个治理发展的角度看，这可能是治理的一种现代化的发展。且不论这是治理的兴盛还是衰败，至少，民国末年的大田治理达到了一种让我们今天都会惊叹的状态。

第二节 宗族村治理主体

传统社会的宗族自治的主体自然是宗族内的所有成员，而考虑到传统宗族自治并不是一种民主自治形态，而更多的是一种威权治理，自治的主体便是族长。当然，宗族自治又是一个多层次的自治体系，在不同的自治层次上或不同的自治区域内，自治的主体是不同的。

首先，在大田全村范围内，是有族长的，组长负责全村范围内的相关事宜，尤其是像清明节拜山这样的全族性的活动，它的组织、监督、惩罚等都是由族长出面解决的。而在各房各支之内，又有很多不同层次的宗族自治机制，如这里提到的四大族内部的尝田的管理，就是有值理、副值理等进行管理与自治。到了民国末年，大田村的宗族治理已经开始转型，值理的任职不再是终身制，而是采取了在三房之间轮流任职的方式。这也表明，在新时期，公平公正成了值理最重要的要求。这显然与民国15年时有了明显的不同，民国15年的劫难恰恰是因为村里人惧怕于戈金玉的武力强迫而不得不跟随他转投刘姓势力，从而酿成大祸。

民国末年，大田的治理主体的转变还不止于此，在宗族之外，政府的体制性力量也已经进入大田，并且发挥着很强的作用。这一点可以从民国36年纠纷中的两份会议记录中看出端倪。

这两份会议记录前后相差一年多，前一份是在民国35年的正月初八，后一份是民国36年的二月初三，这两份会议记录有着很多的相似之处，尤其是在治理主体的呈现方面，它们几乎是同构的。首先，出席者有各房后裔，也就是一个四大族的族人会议。其次，出席者有宗族自治的组织者，那就是两份会议记录中都提到了值理，当然，前一份还是一个值理改选的会议。但这一结果显然是后者所不承认的。再次，出席者有正式的体制性的力量，有乡长、保长、甲长。其中，甲长就是本村人，但乡长、保长显然不是本族人，但不管是否为本族人，他们都是代表了体制性的力量参加会议。最后，参加会议的还有一个特殊的群体，那就是绅耆，这就表明在当时的大田所在区域，的确存在着一个特殊的士绅阶层，他们在社会治理中发挥着重要的作用。

更为重要的是，从民国36年佛冈地方法院及广东省高等法院第四分院前后两次的判决来看，审判中采纳的还是第二份会议记录，这其中最为主要的原因就是第一份会议记录中参会的乡长等人没有按下手印，而第二份是有的，这也就直接影响了第一份会议记录的信度。当然，从当时的材料整体分析，尤其是如今老人对当时情景的回忆来看，或许第一份会议记录才是真实的，才是更多族人的心愿。对于两份材料真伪以及当时争执的是非曲直的判断显然不是这里讨论的重点。重点在于我们从中可以看出体制性力量此时在村庄治理中的重要性。

民国36年的会议记录中还向我们显示出，在当时女性也是可以参加宗族性会议的。而且她们参与的还是对于宗族而言非常重要的会议，这也表明了传统治理中女性的话语权也是受到了尊重的。

第三节　宗族村治理内容

在传统宗族治理中，治理是分层次的，治理主体是分层次的，那么治理的内容自然也是分层次的，更为重要的是，治理内容不仅是分层次，而且涉及了宗族社会的方方面面。

从整个宗族治理来看，显然族长的管辖范围涉及了大田宗族的方方面面，既有宗族事务的治理，也有村庄事务的管理。当然，对于收税等事务，则主要是由两个甲长来完成，但这其中也有宗族自治成分。整体而言，行政下移到村的事务基本采取的是政府行政与社会自治协同共治的方式，通过族长、值理等自治力量与乡长、保甲长的合作来共同完成。总之，在全村的层面，一方面，最为重要的是尝田的管理，但除此之外，也涉及了对宗族内部方方面面的管理。

在大田内部手抄本的材料中，有村民戈德华这样一段记述：

盖先祖诣下税业数百亩，并作蒸尝之祀典以为修坟之资费。爰是追宗报本，故为人子者，当思木本水源，须重慎终追还孝思维则比之谓也。

新银本每年长年行利息三分，规昭前不得借募为由，如租谷蚤冬不赈，待至春分日同定义计算清楚祭祀之外尚余银多少，付族长买肉储祭期定清明前一日担至坟营照丁分肉。

由此可见，族长首先是对尝田具有管理与分配权，对于宗族的族产具有不可置疑的权力。此外，对于拜山等事宜以及对违反拜山人员的处罚，族长也具有很大的权力。在大田内部手抄本资料中有相关记述。

除此之外，在大田内部手抄本资料关于宗族内部的治理，还拓展到了社会生活领域：

> 族内子侄或有干伦犯上者，其同房伯叔或同居兄弟必要春分日当众攻议，按情谊罚。若待终查出则犯事者与隐者一同责罚，以受纵容子弟之戒。

> 赌者倾家之本丧命之源，族中子弟或有恋误业，为父兄者庇佑专利之义务，要极力教训或其父兄柔懦，比其当告族亲。若有含忍不举酿成不端以致祸族殃邻，合众连家并除，不许入族，规在必行。

更为重要的是，在宗族治理中，不仅是对普通族人进行了规制，而且宗族治理也包括了对族长等的限制，从而权责一致，将宗族权力关进了笼子。在大田内部手抄资料中有相关记述：

> 始祖尝部关系甚大，何也祭祀修坟之资从自出追报本之具由。赖故持部者务要仔细收拾，不可以部发坏。若有此等则罚银五卜以为修卜之资。

在宗族治理之下，还有各房各支的治理。总之，只要是有公共事务的地方，就会有相应的治理机制。如前文中屡次提到的大田村民国36年围绕尝田而产生的纷争，进而在此基础上的三场官司，其实原本就是一个房内自治的范畴。只是当通过自治的方式无法化解的时候，就上升到了乡村治理乃至于法院诉讼程序。

在宗族内部，除了整个宗族以及各房各支的常规化治理之外，还有一些临时性的自治方式，这些自治一般是因为某件事情而成立一个自治的组织，当事情完结之后，组织也就自行解散，如宗祠的修建、族谱的修订等。在宗祠修建、族谱修订等事务中，都会成立一个专门的理事会，理事会设立理事长一名和副理事长数名，整个理事会就负责从筹划到筹资再到完成工作的全过程，中间的一切事宜尤其是账目开支都是向族人公开透明的。等到工作完成之后，针对这件具体事务而成立的理事会也就自动解除。

从层次上讲，还有一些治理是超出了宗族村庄的范围，比如，庙宇的修建以及每年的祈福活动等。这些事务的组织也是依靠自发成立的社会自治组织，庙宇修建理事会、祈福活动理事会等。这些理事会的运作范围显然有很多是超出了一个村的范围，在几个村甚至是全乡、全县的范围内筹集资金、组织活动。但从整体运作上，这些理事会与宗族村庄内部的临时性自治组织有很大的相似之处。即便是针对每年两次祈福的理事会或许也是一个常设机构，但是它在平时却是沉寂的，只有再要搞活动的时候才会激活。其实，从根本上讲，这也是自治的真谛，自治最为关键的是形成一系列的自治机制，平时这些机制是沉默的，但是一旦有需要，这些机制就会激活，在乡村治理中发挥重要的作用。

第四节　宗族村治理规则

在传统时期的大田村，宗族治理的主要依据自然就是族规。族规是全族人必须共同遵守的行为规则，也是对族人进行监管与惩罚的依据。

当然，对于民国时期的族规，现在已经无法进行一个全面考证，只能从现有的材料中找到一些端倪。

在上一节中，引用的一些关于宗族治理的条款其实就是一些族规的规定。这中间既有对公田分配的规定，也有对清明拜山的规定，还有对尝部保存的规定，更有对作奸犯科以及好赌之人的惩罚规定。整体看来，族规是涉及了传统生活的各个方面的。从惩罚的措施看，传统大田村的族规以柔性惩罚为主，其中最多的罚银，最重的也就是驱逐出族这种软暴力，而在现有的文献以及老人讲述中，还未发现有暴力性的族规。族规对于全族人而言是一视同仁的，不管任何人违反了族规，都将受到惩罚。从这个意义上讲，虽然部分族规的合理性从今日的角度看来或许值得斟酌，但是族规在执行层面却是公平的。

村庄的日常治理自然是族规在发挥着作用，可是在传统大田，有些事情也超出了族规的管辖范畴，是族规所力有不逮的。比如，民国15年的关于投靠哪一方势力的选择上面，就是采用了另一种规则。那就是民国时期很多农村普遍存在的强制规则。在这一规则下，强权占有主导地位。也正是这个原因，所以全村的戈氏族人都要为一个家族甚至一个人的个人私利或者错误判断买单，也正是这一个人导致了大田百年的发展化为了乌有。当然，其实也正是从这件事情之后，强权者开始面临合法性危机，并逐步地丧失着对村庄事务的主导权。在之后的几十年的重建过程中，占有较多资产与武器优势的家族不再是村庄事务的主宰者，而其他贫困家庭的人们也开始争取平等参与公共事务的权利。

在族规之外，村庄治理中还有乡村伦理，乡村伦理既是乡村道德约束与道德谴责的标准，也是家法的重要依据。家不同于族，家法也不像

197

族规一样纲目分明，相对于族规，家法更具有灵活性，不同的家庭在处罚事项、处罚方式、处罚力度上很是不同。当然，在传统的大田村，家法主要是用来教育晚辈的。

当然，家法也好，族规也罢，都大不过一个国法，国法在乡村治理中的权威是不可挑战的，即便是在传统时期的大田村。这一点从大田村当年的三场诉讼的判决中的依据中可以有一个清晰的呈现。

按公同共有物之处分应得公同共有人全体之同意，律有明文。

按伤害罪之成立，必须有伤害之结果发生，否则徒有伤害之意思仍不为罪。……被告戈德柱用手推戈邦基跌倒在地上，被告虽有伤害之行为，尚未发生伤害结果，因此无罪。

由此可见，案件的审理都是遵循了国法，而不是乡土伦理。当然，一般情形下，国法与乡土伦理是并行不悖甚至是同构的。但是在这几个案件尤其是在尝田纷争案中，显然，在乡土伦理看来占据了上风的戈林相、戈邦珍等人两诉皆败，但他们对此却也是无奈。当然，跳出具体事务，从整个纠纷全局来看，在宗族内部甚至乡村社会中无法化解矛盾的时候借助于国法来解决，本身就意味着国法对于族规的优越性。

第五节 宗族村治理过程

从现有的材料中可以看出，传统时期的大田治理已经形成了完整的治理流程，并且建立了良性的衔接机制。从决策到管理再到参与和监督，大田村不仅形成了良性的治理机制，而且还形成了较好的分权机制，从而保障了村庄治理的良性运转。从上文中引述的《清理开基祖朝裔公及锡荣、陆全、文发各祖尝会议记录》中我们可以清晰地看到，村庄的最高决策机构并不是作为宗族自治当家人的值理，而是四大族的全体族民。由此，在事关宗族全体族人的重大事项决策时，要召开全族会议。

各房各支的值理以及全族的族长更多的是会议决策的执行者的角色，这一点也可以从两次会议记录以及村庄的族规中看出端倪。

从两个会议记录中可以看出的是，值理有执行会议决定的义务，一个是要求他传达会议的决定，一个则是让其全权代理法院起诉事宜。而在最后一段大田族规中，族长更是肩负着执行族规的责任，要在每年的春分日对于一年来的惩罚罚金进行清理。

大田传统治理中对监督也是格外的重视，尤其是重视对族长行使权力的监督，防范族长滥用职权或者徇私舞弊，将族长的权力关进笼子。在大田族规中，屡屡可见"若族长隐晦不见销，查出合众加等责罚决不轻恕"的字眼。当然，监督不仅仅是族人对族长的监督，而且也有对族人之间尤其是亲人之间相互的监督，监督不力将担负连带责任。上文中族规中提到的对干伦犯上者以及因赌倾家者的家人，必须及时监督并上报宗族，对于知情不报者，要承担包庇责任，情形严重者，甚至有可能因此而被一并开除出族。

这种全民监督本身就是一种全民参与，而且传统社会的治理参与不仅是在宗族社会内部，而是在整个乡村社会中形成一种多元参与、协同共治的治理格局。如上文中提到的，这其中既有宗族自治，又有乡长、保长、甲长的政府行政，还有乡绅的社会自治，中间又夹杂了很多社会自组织的积极参与。

第六节　宗族村治理变迁

1953年后，大田也成立了自己的党小组，党组织实现了进村入组。具体见表6-1。

表6-1　佛冈县1949—1956年基层党组织设置情况

年份	基层党组织设置情况
1949年	2个中心党支部，县委直接领导
1950年	3个区工委，县委直接领导
1951年	3个区党委，1个党总支，13个党支部（其中，农村党支部3个）
1953年	4个区党委，20个党支部（其中，农村党支部13个）
1956年	党支部126个（其中，农村党支部94个）

当然，在政党下移、行政下移的同时，乡村社会本身也发生了巨大的变革。尤其是"土改"中将乡村社会的士绅阶层打倒了，从整个佛冈的情况看，全县划为地主阶级的共1312户7313人，富农783户4964人。在对地主、富农评定成分后，对地主、富农阶级的生产资料、财产进行没收或征收。对地主阶级的土地、房屋、耕牛、农具、部分财务没收归农民协会。具体见表6-2。

表 6-2　佛冈县土地改革阶级成分划分情况表

阶级成分		户数	人数
地　主 （1312 户，7313 人）	恶霸地主	247 户	1049 人
	不法地主	576 户	2984 人
	一般地主	489 户	3280 人
富农		786 户	4964 人
中农		6360 户	23944 人
贫农		12483 户	51361 人
雇农		2207 户	5665 人
小土地出租者		287 户	803 人
其他阶级成分		3230 户	19142 人

大田村当初所归属的里水乡大致相当于今日里水片区的范围，里水乡的阶级成分划分工作也同步进行。里水乡共有地主 16 户 226 人，富农 23 户 120 人，恶霸富农 5 户 63 人。大田村具体的成分数据已经无从查起。大田村当时是 141 人，共分得水田 53.6 担。水田、山地、耕牛、生产工具等再按村内人口分配。好的田分给贫农、雇农，差的田则分给地主、富农。自此，地主、富农阶级在农村被打倒了，农村地区进行了一次平均主义导向的财产再分配。里水乡土地改革阶级成分划分情况，具体见表 6-3。

表 6-3　里水乡土地改革阶级成分划分情况表

阶级成分	户数	占比	人数	占比
地主	16	2.46%	226	8.29%
富农	23	3.53%	120	4.40%
恶霸富农	5	0.77%	63	2.31%
中农	141	21.66%	679	24.92%

续表

阶级成分	户数	占比	人数	占比
贫农	381	58.53%	1411	51.78%
雇农	54	8.29%	144	5.28%
土地出租者	5	0.77%	7	0.26%
债利生活者	2	0.31%	6	0.22%
工人	2	0.31%	7	0.26%
游民	2	0.31%	2	0.07%
小商贩	7	1.08%	28	1.03%
小手工业者	2	0.31%	6	0.22%
迷信职业者	2	0.31%	2	0.07%
贫民	9	1.38%	24	0.88%
合计	651	100.00%	2725	100.00%

当然，在行政下移的同时，乡村自治并未消逝，也还在延续着。新生的政权、新起的新星需要得到群众的认可。如1950年4月，大田村隔壁芦洞村的陆光林开始脱颖而出，同时出任了村民小组长、民兵分队长、治安组长、双退组长、护税组长、优抚组长和龙潭中心学校基金管理委员会会长。但与此同时，也是1950年，炉洞兴隆古庙做神功，陆光林还是副总经理，跟村里其他十名正副经理一起前往全乡庙堂游庙拜神。由此可见，即便是共产主义的乡村干部，要想真正融入群众，也必须尊重乡村自治的传统，而且他们也的确是新时期乡村社会自治的领导者。

人民公社是政经合一的半军事化管理体制。如上所述，大田生产队主要是由队长、副队长、保管员、会计员、出纳员、计分员组成的生产队管理委员会（简称"队委"）负责管理。当然，大队干部对各个生产小队也具有很大的管辖权。"队委"说是政府统一的管理体制，但是也带有很强的社会自治性质，而且"队委"成员的务工补贴也全部是生产队内部负责。但不可否认的是，人民公社时期，政府行政力量对乡村社会的管控达到了前所未有的程度。

当然，即便是在人民公社时期，社会自治也还是显示着自治的力量。1963 年，在时任龙南公社副社长的戈东水的带领下成立理事会，对村庄进行重新规划，并制定村规民约因此村的规划能够一如既往地坚持了几十年。也真是这个村庄内部的自治行为让大田村成了周边村庄中布局最为整齐的村落，从而为大田成为新农村试点村奠定了良好的基础。当然，自治的力量还呈现在了生活中的方方面面，尤其是艰苦时期的那种守望相助、患难相恤。当然，任何一个时间段内的生产队长都是村里面威望较高的人，虽然他们多是要经过正式权力的认可，但他们首先需要获得生产队或者说村庄广大群众的认可，村庄内部不认可的干部也根本无法融入村庄，这在以后的大田政治生活中也得到了充分证明。

改革开放后，人民公社体制也逐步走到了尽头。但对于人民公社体制解体之后如何填补农村政治的真空状态，全国范围内地进行了很多地方性的探索，也一直为全社会所关注，甚至引发着较大的争议。相对于全国其他地区，大田村所在地区的农村管理体制改革次数更多，反复更多，农村管理体制很不稳定。

1983 年 12 月，佛冈县撤销公社体制，改设 12 个区公所和 1 个区级镇，并以生产大队为单位建立了 110 个乡和 3 个乡级镇。龙南区公所辖小潭、石联、铺岭、里水、龙塘、小坑、汶坑、山湖八个乡，大田归属里水乡，瓦田寮分出成立单独的村。从当时的行政划分中可以看出，当时的乡就是之前的生产大队的范围,也就是后来的建制村的范围。其实,在之后的历次体制变革中,龙南在人民公社时期形成的"生产大队—生产队"的组织架构与行政范围并没有根本性的变化,变化的只是不同的管理理念、管理方式等。也正是这个原因,直到现在,在大田,人民更习惯于称呼"村民小组"为"生产队",称呼"村民小组长"为"队长"。当然,虽然生产大队改为乡,但为了保持改革过程中的农村社会的稳定,主要的干部还是人民公社时期的干部。

1987年,根据广东省委和省人民政府《关于撤区建乡镇完善农村基层政权建设的通知》精神,佛冈撤销110个乡和3个乡级镇,改设为村民委员会,12个区公所和1个镇改为6乡6镇建制,大田属于龙南乡里水建制村。这也是《中华人民共和国村民委员会组织法(试行)》通过之后村民自治制度在全国推行的重要成果。此时的村民委员会为了与之后的相区分,在广东地区也被称为大村委。但这一次的村民自治制度并不长久,很快就被广东特有的管理区体制取代了。

在村民自治的推进过程中,出现了不同的声音与改革走向。村民自治的发源地广西紧接着又开始推行村公所制度,在建制村一级成立村公所,作为乡镇政府派出机构,村民自治组织下移到自然村或村民小组一级。这一基层改革迅速推广到了云南、广东、海南等地。1991年1月,村改为管理区,里水村改为里水管理区,设里水管理区办事处。各村庄设立村委会,在生产队基础上成立经济社,大田成为里水管理区的一个经济社。1994年2月,龙南乡改为龙南镇,里水管理区不变,仍设管理区办事处,各村庄仍设村委会,经济社则改为村民小组,大田改为大田村民小组。管理区体制实际上是将建制村一级行政化,以提高行政效率。尤其是20世纪90年代，也正是广东大发展的时代，这一制度对于推动农村经济发展尤其是珠三角地区的农村集体经济发展发挥了重要的作用。当然，在自然村层面，大田村虽已经没有了体制性的"队委"，但是大田村却形成了由老党员、老干部、村庄经济社社长或村民小组长等组成的草根版的"队委"，村庄中有什么事情，都是他们在一起商议。1994年的《大田村建房民约》就是这段时间内大田村有文字可查的重要自治成效。

1998年，《中华人民共和国村民委员会组织法》正式实施，同年11月，佛冈再次启动村民自治，将管理区改为建制村，里水管理区改为里水村，设里水村委会，下设17个村民小组。大田属于龙南镇里水村大田村民小组。2004年5月，佛冈县11个乡镇撤并为6个镇，龙南镇并入石角镇，大田成为石角镇里水村下辖的一个自然村、村民小组。也就是从这一时期开始，大田村进入了我国当前农村最为主要的"乡政村治"管理体制。在"乡政村治"管理体制下，村委会设在里水村，里水村同时成立党支部，书记主任"一肩挑"，"两委"委员也多是交叉任职。村"两委"一般保持五名委员，另有两名计生专干。在大田村内部，正式的职位设置就是村民小组长与副组长，村内主要事务在"队委"的带领下通过自治的方式加以解决。

当然，这段时间的村干部待遇也是有所差别。在大田村内部，改革开放分田到户的时候留有十多亩的自留地，自留地每年发包，发包所得作为集体经济收入。村民小组长与副组长每年有几百块钱的收入，这笔收入由村委会开单子，回村民小组内报销。此外，在20世纪八九十年代，村民小组长每次去村委会开会，也有几元钱的午餐补贴，这笔钱同样是村委会开单、村民小组报销。村委会干部的误工补贴则是从各个村民小组提取。21世纪以来，国家加大了对基层的管控力度，将村干部工资纳入政府财政范畴，村委会干部的薪酬来源情况才得到一定转变。此外，国家财政支持力度的支持，也让村委会有了解决会议午餐等小额经费开支的能力。但是对于村民小组长的误工补贴等，还一直延续着村委会开单、村民小组报销的模式。当然，从村民自治的角度讲，村民小组长误工补贴理应由村民小组内部解决，但问题的关键是村民小组长承担着养老保险缴纳、医疗保险缴纳等行政事务，行政事务与自治事务的冲突其实已经渗透到了村民小组一级。

从整体看来，从传统时期到21世纪，从"皇权不下县"到五级行政管理体制以及行政化了的村民自治组织，农村的社会管理体制在近代以来发生了根本性的变革。国家行政力量不断下移，形成了对乡村社会较为有利的控制。但是，我们也可以从大田的发展中清晰地看到，即便是在人民公社时期，自治的力量依旧存在，并呈现出强大的生命力与作用力。其实，在自然村的层面，也一直是保持了自治的状态，自治是大田以及周围千千万万个自然村的政治生活的底色。

第七节 宗族村治理实态

当前的大田治理，是一种崭新的治理形态，尤其是在村民自治重心下移改革之后，大田的治理发生了巨大的变化，再次成为一个独立的治理单元。当然，大田的治理创新也还处在一个不断摸索、不断优化的过程中，这种治理创新，既有向传统治理的致敬与回归，又有现代元素的融入与现代路径的尝试。

一、大田治理改革

千百年来，华南社会的这种权力结构并未发生根本性的转变。直至今日，华南乡村社会的千百个村落还是一个个的宗族自治村落，这其中也包括大田村。而清远市村民自治重心下移更是一种对传统自治的复归，对宗族自治的复归。

清远村民自治重心改革，就是要积极探索完善村民自治的有效途径，将现有的"乡镇—村—村民小组"调整为"乡镇—片区—村（原村民小组或自然村）"的基层治理模式。在乡镇以下根据面积、人口等划分若干片区建立党政公共服务站，作为乡镇派出机构，承办上级交办的工作、开展公共服务和为群众提供党政事项代办服务，由县镇统筹管理和开支；按照便于群众自治，有利于经济发展和社会治理的原则，在片区下以一个或若干村民小组（自然村）为单位设立村委会，开展村民自治，所需经费由村民会议通过筹资筹劳解决。在村民自治重心下移的同时，党的基层组织也先行下移，在原建制村成立党总支部，在自然村或村民小组成立党支部。

清远村民自治重心下移改革于2013年正式启动，后为稳妥起见，在全市选取佛冈县石角镇、英德市西牛镇、连州市九陂镇作为改革试点镇，全面推进村民自治下移改革试验。大田村是石角镇的一个自然村、村民小组，又恰巧在2013年4月份被确定为新农村建设试验区的新农村试点村,承担着探索农村治理机制创新的重责。由此,两场改革在大田村交汇,推动了大田村政治、经济的快速变迁,大田村也成了清远市村民自治重心下移改革的示范村、明星村,清远市委书记葛长伟亲自挂大田村党支部与大田经济合作社。

大田党支部与村委会是清远市村民自治重心下移改革的成果,而大田经济合作社则是新农村建设的成果,先于党支部与村委会而成立。2012年底,为了有效推进农村产权改革、实现农村土地整合,进而发展壮大集体经济,试验区管委会决定将原来虚化了的集体经济组织做实、做活,重新从最基层开始建立"经济社—经济联社—经济总社"的农村集体经济架构。于是,在整个试验区范围内,先行在每一个产权基础单位成立了农民经济合作社,并选举成立了经济合作社的理事会。大田经济合作社第一届理事会成员情况,具体见表6-4。

表6-4 大田经济合作社第一届理事会成员情况表

姓名	性别	年龄（岁）	基本情况
戈国星	男	44	父亲曾是食品站工人,32岁起做村民小组长至今
戈绍否	男	52	村民小组副组长,曾在广州长期从事销售工作
戈北燕	男	63	曾任村民小组副组长
戈德甲	男	61	曾任村民小组组长
戈林松	男	52	退伍军人,参加过对越反击战
戈绍志	男	63	父亲曾任生产队长、大队干部
戈志流	男	49	父亲曾任里水大队书记,本人曾任村民小组副组长
戈绍沛	男	47	公司保安
戈金水	男	41	父亲曾任生产队长

大田经济合作社第一届理事会成员的产生，也是一段在后来的改革推进过程中经常被提起的历史。当时，新农村试验区管委会主持农村产权改革的蔡友琼顾问具体负责各个村庄理事会的选举事宜。而在正式的选举之前，各个村也是出了一个候选人名单。"当时蔡处让我列一个名单，要九个人。我就写了个名单，基本上是根据各房各支出一个人，这样将来做工作也比较好做的嘛！"戈国星说的是他当时提出候选人名单的想法。当然，这一想法还是遵循了宗族社会的传统，也是想充分地利用宗族社会的优势。戈国星提出了候选人名单后，正式选举时并没有采取无记名投票的方式，而是由戈国星一个个念名字，大家鼓掌表示通过。按照现代选举规则，这显然不是一场程序正义的选举，这也是在之后的改革过程中大家指摘的地方。但是戈国星对此也表示冤枉："之前有时候选村民小组长也是这样的呀，又没有什么待遇，谁愿意当呀？再说，那个时候他们也没提出来意见呀，现在又说三道四的。"总之，就是通过这样一个传统的方式产生了经济合作社的第一届理事会。

就在经济合作社理事会产生的半年之后，石角镇在推进村民自治重心下移改革过程中又产生了村民理事会。按照市里统一的改革要求，要在2014年村"两委"换届选举前先选出村民理事会作为村委会的替代机构，筹备村委会选举的相关事宜。大田村在石角镇的主持下，选出三人组成的理事会。除了戈绍否、戈国星之外，刚刚外出务工回乡的戈林欣进入人们的视野，成为三人理事会中的一个（表6-5）。由此，大田出现了两个理事会，一个是大田经济合作社的理事会，一个是大田村民理事会，虽然二者从本质上讲是不同的，但是普通村民却对此难以区分，甚至理事会成员也感觉有些混乱，相关领导更是认为这不利于新农村建设过程中的统一领导。

表6-5 大田村第一届村民理事会成员情况表

姓名	性别	年龄（岁）	基本情况
戈绍否	男	52	村民小组副组长，曾在广州长期从事销售工作
戈国星	男	44	父亲曾是食品站工人，32岁起做村民小组长至今
戈林欣	男	41	长期在广州打工，2006年左右返乡

为了防止组织职权上的混乱，形成推进新农村建设的最大合力。经过协商，决定将两个理事会进行整合，成立新的理事会与监事会，组成大田新农村建设与村庄公共事务的核心领导组织（表6-6）。当然，既然整合，就有利益受损者，村民理事会理事长戈绍否放弃理事长职位，成为村庄监事会的监事长。戈绍否以后很长一段时间对此不理解，主要是在大田心中，石角镇选举产生的理事长将是以后村主任的有力竞争者。虽然文件中明确规定新村委会的村干部是不领取政府薪酬的，但是大家普遍不以为然，认为早晚会有待遇的，否则，长此以往，新当选的村委会干部将失去积极性。

表6-6 大田村第一届理事会成员情况表

职务	姓名	性别	年龄（岁）
理事会	理事长 戈国星	男	44
	理事 戈绍沛	男	47
	理事 戈北燕	男	63
	理事 戈德甲	男	61
	理事 戈林松	男	52
	理事 戈绍志	男	63
	理事 戈志流	男	49
监事会	监事长 戈绍否	男	52
	监事 戈金水	男	41
	监事 戈林欣	男	41

第一届理事会在推进大田新农村建设、探索村民自治机制等方面发挥了重要的作用。尤其是大田第一届理事会履职的一年，也是大田村新农村建设如火如荼开展的一年，从文化室、篮球场、停车场等村庄基础建设中的征地、拆迁、建设等，到村庄土地的整合、土地的整理，再到村庄体制机制创新等各项事业，第一届理事会做了大量的工作，关键时期几乎每天都是白天干活，晚上凑到大田公屋开会讨论。而更为难得的是，在这一年的工作中，大田村第一届理事会成员所做的工作都是义务性的，不拿薪酬，甚至连误工费都没有。第一届大田理事会任劳任怨，将永远镌刻在大田的丰碑之上。到2014年3月份，新的村委会、党支部、村民小组正（副）组长、理事会选举先后结束，第一届理事会、监事会才完成了历史使命。

在大田理事会带领村民迈步前行的同时，2013年12月30日，石角镇形成了《关于石角镇村民委员会规模调整的请示》，整个村民自治重心下移的规划图也就呈现了出来。从调整方案中可以看出，在原里水建制村的范围内新成立七个村委会，而里水村原来的自然村就只有八个。也就是说，除了三八自然村与里冈自然村组成了里冈村委会以外，其他六个村委会都是在自然村的基础上成立的。当然，大田的情况比较特殊，因为临近的瓦田寮只有十多户人家，原本也是与大田村一个生产队，所以这次也是跟大田村一起组成了新的大田村民委员会。具体见表6-7。

表6-7 石角镇里水片区片村民委员会规模调整情况表

村委会名称	所辖村民小组	户数	人数
中和村委会	3	94	409
福联村民委员会	2	61	310
里冈村民委员会	5	151	716
陂角村民委员会	1	60	238
大田村民委员会	2	82	334
咸水村民委员会	2	87	382
芦洞村民委员会	2	75	334

二、大田治理体系

2014年2月底开始，新一届村"两委"换届选举正式启动，村民自治重心下移改革也到了最关键的时刻。到2014年的4月份，大田村各项选举全部结束，村中选举产生了四套新的领导班子。当然，选举后，不足三百人的大田自然村形成了四套班子，这也造成了大田村很长一段时间内的混乱，四套班子的分工与磨合问题也成为后选举时代的重要问题。当然，在村民自治下移之后，村庄内部形成了一整套新的治理体系。

大田党支部共有8名党员，选出一名书记、两名委员。因为瓦田寮村民小组没有党员，所以书记与委员全部来自大田村。戈志流父亲曾经做过里水大队书记，本人也是高中毕业，曾做村民副组长、理事会理事。戈国星做了12年的村民小组长，并作为理事长带领理事会在新农村建设过程中发挥了重要作用。戈伟国则是戈东水的儿子，已经在里水村做过很长时间的计生专干。当然，戈伟国对大田村庄事务参与较少，在村中威望不高，甚至成为党支部委员之后因为党支部运作不畅而未能对大田村公共事务有很高的参与度。大田村党支部委员情况，具体见表6-8。

表6-8 大田村党支部委员情况表

职位	姓名	基本情况
书记	戈志流	原村庄理事会理事
委员	戈国星	原村庄理事会理事长
委员	戈伟国	里水片区党政服务站计生干事

大田村委会则由五人组成，五席委员职位，按照乡土规则，瓦田寮占一席。当然，按照规定，还必须有一名女性担任妇女主任工作。也就是说，两名委员的竞争比较小。但是在选举过程中，对于书记及其两个委员职位的争夺却相对激烈。当然，在村委会竞选中败北的人后来基本进入了大田经济合作社的理事会，成了理事会或者监事会的成员。当然，书记主任"一肩挑"主要也是省里的统一要求。在2014年的村（社区）"两委"换届选举中，省里提出了"两个80%"的要求，即书

记、主任"一肩挑"与"两委"交叉任职达到80%以上。大田村委会委员情况，具体见表6-9。

表6-9 大田村村委会委员情况表

职位	姓名	基本情况
主任	戈志流	原村庄理事会理事
委员	戈林欣	原村庄监事会监事
委员	戈国星	原村庄理事会理事长
委员	付兴河	原瓦田寮村民小组长
委员	冯青梅	村庄妇女主任

在村民自治重心下移改革中成立大田村民委员会的同时，大田村委会仍旧保留原来的两个村民小组架构，即大田村民小组与瓦田寮村民小组，每个村民小组还是设村民小组长与副组长，副组长也就是出纳。大田组长由戈绍否担任，戈坚强则是副组长，也就是村庄的出纳。戈坚强同时还是大田经济合作社的监事，负责经济合作社的账目与出纳事务。所以，目前，大田所有账目都由戈坚强负责。具体见表6-10。

表6-10 大田村民小组组长、副组长情况表

职位	姓名	基本情况
组长	戈绍否	原村庄监事会监事长
副组长	戈坚强	里水村卫生站医生

大田村最为重要的还是经济合作社的理事会，大田所有集体经济资产全部确权到了经济合作社，集体经济收入也属于经济合作社。经济合作社的理事会、监事会也是大田村组织架构最为完整、人员最多的组织。大田理事长还是戈国星担任，但是理事会中新人较多，戈金锐、戈

武福、戈坚强、戈绍明等四人进入监事会、理事会。第一届理事会中的戈北燕、戈德甲、戈金水、戈绍志、戈绍沛、戈林松则退出了理事会，戈国星、戈绍否、戈林欣、戈志流再次当选理事会或监事会成员。具体见表6-11。

表6-11 大田经济合作社第二届理事会、监事会情况表

职位	姓名	基本情况
理事长	戈国星	原村庄理事会理事长
理事	戈林欣	原村庄监事会监事
理事	戈绍否	原村庄监事会监事长
理事	戈金锐	原为普通村民
理事	戈武福	原为普通村民
监事长	戈志流	原村庄理事会理事
监事	戈坚强	里水村卫生站医生
监事	戈绍明	原大田生产队队长

大田经济合作社第二届理事会、监事会共有八人，比第一届少了两个人，而原理事会、监事会成员仅占四席，其他均为新成员。相对于第一届理事会、监事会成员，新的理事、监事是经过民主选举产生的，但是这种选举又带有很大的宗族性。

当然，在形成了党支部、村委会、村民小组、理事会四套班子的同时，大田最高的权力还是属于大田村民大会，所谓的大田村民大会，更准确地说，应该是大田户代表会议。户代表会议的参与者一般是大田成年男性。当然，部分男人外出务工的家庭，也会有家里的女主人参加村民大会。村民大会是村庄的重要决策机构，村内的重要事项都需要村民大会进行表决。

改革之初，原来只有一个村民小组长与村民副组长的自然村一下子有了四套领导班子。四套班子的人员之间围绕如何分工、如何规定误工费等问题存在较大争议，整个大田村进入了一个较长时间的磨合期。当然，大田选举之后，大田新农村建设尚未结束，很多工作需要有人带头去做。原本大田村也是以戈国星为核心的理事会统筹整个村庄的新农村建设与村庄公共事务，村庄治理较为顺畅。但是改革之后，大田村支部书记、村主任是戈志流，村民小组长是戈绍否，理事长又是戈国星，70多户、不足三百人的村庄出现了三个领导，且下面虽有交叉但却也有相对独立的队伍，大田的自治一时陷入了困顿。建制村村民自治的一整套组织体系的下移而不是村民自治机制的下移使得以进一步激活村民自治为目的的改革反倒导致了基层的进一步行政化。

三、大田治理机制

大田村自 2014 年 4 月以来在村民自治重心下移改革的过程中共形成了四套村级组织体系，选举结束后的一段时间内也一度因为各组织体系之间的职权不清、分工不明而产生各种矛盾，在新农村建设的后期引发了一些问题。随着新农村建设中主体工程的结束，村中公共事务逐渐减少，各组织之间在经历了一年多的调试与磨合之后也逐渐地重新洗牌与整合，形成了新的村民自治态势。

大田村四套村级组织体系自 2014 年 4 月份形成以来，在一年多的运行过程中逐步呈现出了不同的活力，在村庄新农村建设与公共事务处理过程中也发挥着不同的作用。严格说来，四套组织体系，党支部、村委会是属于包含了瓦田寮村民小组的整个大田村的，村民小组与经济合作社的组织架构则是属于大田自然村或者说大田村民小组的。一年多的运行表明，党支部与村委会因瓦田寮与大田村缺乏共同的公共事务而并未开展实质性的工作。作为支部书记与村主任的戈志流也全部是与戈绍否、戈国星等人一起处理大田自然村而不是大田村委会的事务。这首先可以从一年多以来大田村的会议记录中看出端倪。截止到2015年5月份，大田村共召开党支部会议6次，村委会会议0次。而且在这六次党支部会议中，三次是2014年4月的选举会，另外三次也都是"七一""十一"、春节等重要节日里理论学习与年终总结会（表6-12）。也就是说，大田党支部成立一年以来，没有对村庄新农村建设及公共事务进行过讨论。而由于瓦田寮村民小组至今没有一名党员，也就无法参加大田村党支部会议，一年当中又没有召开过一次村委会会议。因此，虽然瓦田寮与大田共同组成了新的大田村民委员会，但是两个村民小组之间并没有建立实质性的联系。

表6-12 大田党支部2014年4月—2015年5月会议情况表

时间	主持	应到	实到	主要内容
2014年4月7日	戈国星	8	8	选举大田村党支部支委委员候选人
2014年4月9日	戈国星	8	7	选举大田村党支部支委委员
2014年4月9日	戈志流	3	3	选举产生村党支部书记
2014年7月1日	戈志流	8	7	举行"七一"党员大会，学习"十八大"精神
2014年10月1日	戈志流	8	7	进行思想政治理论学习
2015年1月26日	戈志流	7	7	党支部一年工作年终总结会

当然，大田村委会与党支部的作用首先也是由于改革中各治理主体

对其定位存在差异。清远改革的初衷是打造标准意义的自治组织,村委会成员不领取国家统一薪酬,不负责国家行政事务,因此也就不需要办公场所,直至没有公章。但在村委会委员看来,村委会与党支部没有自治资源,甚至连公章都没有,就是一个空架子。相对而言,村委会与党支部的处境甚至还不如村民小组与农民经济合作社。当然,这种状况的产生部分原因也是由于村庄党支部的党员现状决定的。在大田村,现在共有八名正式党员,其中,60岁以上党员五人,年纪最大的82岁,年龄最小的45岁。60岁以下的三名党员戈志流、戈国星、戈伟国当选为村党支部委员,但戈伟国是里水村计生专干,戈国星、戈志流分别是大田经济合作社的理事长与监事长,他们一般是依托别的组织开展工作。具体见表6-13。

表6-13 大田党支部党员情况表

姓名	性别	年龄(岁)	基本情况
戈绍针	男	82	原粮食所工人
戈绍炳	男	70	原韶关冶炼厂工人
黄昌娇	女	68	原村庄接生员
戈德甲	男	62	原经济社副社长
戈北燕	男	65	原经济社社长
戈志流	男	51	党支部书记,村主任
戈国星	男	46	党支部委员,村委委员
戈伟国	男	45	党支部委员,计生专干

相对于党支部和村委会而言,专注于大田自然村的村民小组与经济合作社发挥了更大的作用。在经历了一段时间的磨合之后,村民小组与经济合作社形成了大致的分工。对于村庄宗族、信仰、邻里关系等公共

事务以及政府行政工作，主要是村民小组长、副组长完成，这也是传统上村民小组长的职责。农民经济合作社则主要负责村庄经济事务以及新农村建设相关事宜，书记戈志流也主要是以监事长的身份在合作社的平台上做事。当然，村民小组长戈绍否、副组长戈坚强也都是经济合作社的理事与监事。整体而言，经济合作社的理事会与监事会是大田村的核心，这也是由经济基础决定的，大田所有的收入都在经济社，村里公共事务的花费也是从经济社的账目上支出的。

当然，村庄的重大事务还是要村民大会决定，村民大会才是村里的最高决议机构。当然，村里所谓的村民大会，实际上就是一个户代表会议。每个家庭会派一个代表参加会议，而且每次会议因为各种原因缺席的家庭较多。当然，大田14户孤寡老人之外，大田其他的主干家庭与核心家庭除了有特殊情况还是基本上会参加会议的。毕竟每次的村民大会都是有重要的村庄事务要表决决定，关系着每个农户的利益。从2013年4月到2015年4月的两年间，大田共召开村民大会12次，每次参加会议的人数不等，最多53人，最少31人，参会率比较高。从村民大会议题中也可以看出，村中凡是关系土地、选举等方面的重大事项都是要提交村民大会讨论通过。具体见表6-14。

表6-14　2013年4月—2015年4月大田村村民大会召开情况

时间	主持人	记录人	人数	主要议题
2013年5月27日	戈国星	戈北燕	46	新农村建设通报会
2013年6月30日	戈国星	戈北燕	46	祠堂周边禾塘地征收问题
2013年7月26日	戈国星	戈北燕	46	村庄旧建设用地征收与拆迁会议
2013年11月22日	戈国星	戈北燕	41	村庄水田土地集约会议

续表

时间	主持人	记录人	人数	主要议题
2013年12月20日	戈国星	戈北燕	33	土地流转合同审议
2014年2月18日	戈国星	戈北燕	31	村委会下移事宜通报
2014年2月28日	戈国星	戈北燕	52	村委会选举委员会选举
2014年3月4日	戈国星	戈北燕	53	村委会选举委员会选举
2014年3月10日	戈国星	戈北燕	41	大田村民小组长选举
2014年11月17日	戈绍否	戈坚强	41	讨论芦笋专业合作社事宜
2014年12月2日	戈绍否	戈坚强	36	芦笋种植合作社理事会选举
2015年1月24日	戈绍否	戈坚强	37	讨论名镇名村建设事项

在新农村建设之前，大田村内只有两位体制承认的村干部，那就是村民小组长与副组长，两位每年的务工补贴不足2000元。其他的"队委"都是非正式的职位，具有非正式化、非固定化、非制度化的特点。而村民自治重心下移改革之后，大田村形成四套组织体系，四套组织体系中所有的大田人员实质上都只是围绕大田公共事务与新农村建设做事，十个人不论在哪个组织，都是大田自然村的干部。当然，2013年的第一届理事会、监事会配齐之后也是十个人，但当时新农村建设中有大量公共事务要处理。如今，村庄恢复了往日的平静之后，村中没有那么多的公共事务需要处理，如此多的组织体系与人员自然也就陷入了空转的状态。大田自然村干部情况，具体见表6-15。

表6-15 大田自然村干部情况表

姓名	职位
戈志流	党支部书记，村委会主任，监事会监事长
戈国星	理事会理事长，党支部委员，村委会委员
戈伟国	党支部委员，里水党政公共服务站计生专干

续表

姓名	职位
戈林欣	村委会委员，理事会理事
冯清梅	村委会委员
戈绍否	村民小组长，理事会理事
戈坚强	村民小组副组长，监事会监事
戈绍明	监事会监事
戈金锐	理事会理事
戈武福	理事会理事

村庄公共事务的减少或者说公共人员增多，让村庄各组织体系中的很多人在经历了最初的兴奋之后逐步的回潮，很多对公共事务缺乏足够兴趣的人开始激情褪去，逐步淡出村庄政治舞台，大田的实际权力也又逐渐的凝聚到几个人的身上。经过一年的磨合，十个人当中，戈伟国还是没有过多的介入村庄内部事务；戈林欣因为加入华琪而更多地照顾生意，甚至会站在企业的立场上与经济合作社进行经济上的交涉与谈判；冯清梅作为妇女主任这本来就是一个很虚的职位，根本没有专职工作可做，当选一年来，基本上是游离在组织之外；戈绍明、戈金锐则主要只是负责监事的事务，平时也多是顾自己的事情；戈武福长期在外打零工，也只是偶尔在晚上参加村庄的理事会会议。村庄的主要权力实际上主要集聚到了戈志流、戈国星、戈绍否、戈坚强的身上，这四个人也是村庄里比较有公益心的四个人。

当然，即便是这四个人，也已经很难长期保持义务劳动，现在他们在做公共事务的过程中也是按时间拿误工补贴，误工补贴基本上是按照每天80元钱的标准，这也就相当于大田村民打零工的收入水平。当然，作为村民小组长、副组长，戈绍否与戈坚强每年还有一笔固定收入，如今是每年900元的标准，里水党政公共服务站开单子，大田经济合作社出钱。当然，大田的每一笔开支也还是要戈金锐、戈绍明两位签字后方能入账。这种运作模式自然也会在班子内部产生一定的矛盾，尤其是党支部、村委会、村民小组以及经济合作社共用一个账本，所有账目都在一个账本中走账，很多支出也不是两个监事能够知晓的，所以他们经常会因为缺乏知情权而拒绝签字。而作为村庄领头人的戈志流、戈国星、戈绍否等人也已经习惯了简单而有效的操作方式，对于现在这种分权监督体制下的效率低下存在怨言，这也就造成了内部的矛盾。

四、大田乡村关系

在大田成立党支部与村民委员会的同时，里水村村委会改为里水党政公共服务站，成立党总支部。里水党政公共服务站是镇政府派出机构，主要负责自上而下的行政事务。由此，党政公共服务站与村委会的衔接问题成为乡村治理中的重要问题。

村民自治重心下移，实质上是将原行政村村委会的功能一分为二，行政功能主要由党政公共服务站负责，自治功能则主要是由村委会负责。按照清远市最新出台的《深化村建工作试点镇村级组织职责分工目录（试行）》规定，村委会的职责除了民主自治类的之外，协助管理类的就只有协助有关部门维护社会治安和生产生活秩序、协助有关部门对社区矫正人员和刑释解教人员进行教育、帮助和监督以及协助有关部门开展农村富余劳动力转移就业培训三条。而且行政事务进村必须秉承"费随事转"的原则，以政府再存购买服务的形式进行。

但在具体操作过程中,里水党政服务平台却因为经费的问题而无法实现。现自上而下的行政事务诸如新农合、新农保的缴纳等事务主要是通过村民小组长、副组长进行,而村民小组长与副组长因此也都有固定的年收入,并根据实际情况每年发放一定的误工补贴(表6-16)。也就是说,以现在党政公共服务站的经济能力,他们根本无法满足片区内的政府行政事务的开支,所谓的"费随事转"也就陷入了空谈。片区与村民小组之间依旧延续着之前建制村村委会与村民小组之间的关系,村民小组长与副组长的误工补贴依旧是片区党政服务站开单子,村民小组内部报销。

表6-16 2014(4月—12月)年大田村村民小组长、副组长收入情况

人员	工资(元)	误工费(元)	合计(元)
村民小组长	675	250	925
村民小组副组长	675	0	675

当然,更严重的问题在于,在当前的村级组织运作中,党政公共服务站是越过了党支部与村委会一级,直接与村民小组进行衔接,这就导致除了村民小组长、副组长之外,村里其他干部与党政公共服务站工作人员联系较少,村支部、村委会干部也没有任何误工补贴。在这种既缺少业务往来又缺少利益连接的情况下,村书记、主任戈志流甚至不愿意参加党政公共服务平台召集的会议。从村委会的角度讲,村委会没有什么实权,如果是村委会重心下移,就应该真正放权到村委会。他们甚至认为应该撤销党政公共服务站一级,直接由乡镇联系各个村委会。与此同时,党政公共服务平台的工作人员也是认为村委会基本没有发挥很大作用,他们有事也还大多是直接跨过村委会,与村民小组长直接联系。

在大田村内部,在经历村民自治重心下移初期因组织体系过多而引发的短暂混乱之后,村庄又逐步地恢复到了社会自治的状态。从大田的村民自治发展历程中也可以看出,草根性的社会自治具有极强的生命力,只要有足够的空间,就会自我恢复、自我生长。大田乡村社会的村民自治就像大田田野中的野草一样,野火烧不尽,春风吹又生。

第七章

宗族型村庄的未来走向及影响启示

小村落可知大历史，小村落可观大社会。大田村是华南地区的一个极为普通的宗族村，相对于周边其他宗族村落，这个村落没有很大的特色可言。但即便是这样一个普通的宗族村落，却又有着属于自己的宗族村发展变迁的传奇，而且从这样一个普通的宗族村落的发展变迁，也可以管窥一豹，看到整个华南乡土社会。大田村的发展变迁史，无疑也是整个宗族社会发展变迁的一个缩影。更为重要的是，大田村在近代以来的发展变化也让我们看到了现代化进程中整个乡村社会的跌宕起伏，看到了宗族型村庄的未来发展及其对大国之治的影响和启示。

第一节 宗族型村庄的未来走向

近年来，大田村得到了社会主义新农村建设试点村幸运之星的眷顾，并在"三个重心"下移改革中走在了前列，但短暂的辉煌与喧嚣之后还是逐渐归于了平静。或许，短暂的喧嚣只是大田村历史变迁长河中的一个浪花，无论浪花有多璀璨，又无论多少次激起浪花，作为宗族型村庄的大田还是会沿着它原有的命运前行，那就是在不久的将来，或许会在现代化尤其是城市化进程中逐步以融入城市的方式走向消逝，完成属于大田的消逝的村庄的宿命。当然，这个过程或长或短，暂时还难以有一个准确的时间表，但是大田的命运交响曲已经奏响，大田已经开始走向那个可知却又未知的归宿。

一、"宗族共同体"在传统延续中继续式微

大田村作为一个自然村落，其最核心是血缘共同体，传统自给自足且较为封闭的小农经济使得宗族能够在平和中向前发展。但随着近代中国开始进入现代化进程，传统乡村社会开始衰败，中华人民共和国成立后的土地改革更是打破了传统宗族社会内部结构，而改革开放后市场经济的发展、城乡社会的融合，更是从根本上侵蚀着宗族社会的根基。简单地说，在市场经济大潮下，尤其是对于毗邻珠三角的大田村而言，一代代年轻人开始走出大田、走向都市。如果说60后、70后农民工还会因为对农业经济抱有希望、对农村生活怀有留恋而回到乡村的话，80后、90后农民工在走出乡村方面则表现得更为决绝。当然，起点决定路径，原型规制转型，即便是融入了城市，新一代农民工对宗族共同体依旧有很强的认同感。但是随着现代化、城镇化进程中的代际更迭，宗族共同体的解体不可避免，乃至在可预见的未来，大量包括宗族村在内的自然村落的消逝不可避免，这也便是秦晖教授所指出的从"小共同体"到"大共同体"的变迁。

二、"宗族村落共同体"在繁盛一时后昙花一现

大田是华南乡土社会中的一个普通村落,但大田又有着自己的传奇、自己的幸运。无论是民国时期被火烧之后的整体重建,还是被确定为社会主义新农村建设试点村之后的整体改造,都为村居环境的大幅提升提供了契机。特别是这次新农村建设的试点村建设中,大量财政资金的投入,在很大程度上提升了村庄硬件环境,也让大田村重燃生机。但是不可忽视的是,从村庄内部来看,随着年轻一代对城市生活向往的不可逆,村庄建设的内生动力也是日渐式微。当然,从华南宗族村落与其他地区的村庄对比来看,宗族村村民祖屋、祖宅观念比较重,在外发达后荣归故里、翻修祖宅的意愿较强,这也是近年来依旧有村民在村里盖房子的内在动力。但是随着城镇化的推进,以及都市房价的攀升,很多家庭在支付城市房子首付后不再拥有在村庄盖新房的能力,村庄公共设施建设更是难以通过村民筹资等方面解决。由此,从大田周围没有被确定为新农村试点村的村子来看,公共环境脏乱差是普遍现象。大田村虽有试点村建设期间的跨越发展,但拉长时间的跨度,这也注定只是大田发展变迁史上的昙花一现。

三、"宗族经济共同体"在集体重建后无以为继

从传统时期的共有经济到中华人民共和国成立后的集体经济,大田经济自村庄初建时便带有很大的"公"的元素。当然,共有经济是私

有经济基础上的共有，是产权清晰的共有，与之后的集体经济还是有着很大的不同。20世纪80年代以来，随着人民公社的解体、分田到户的改革，农村经济由村社制向家户制回归，"分"成了农村经济的关键词。市场经济的发展、务工经济的兴起更是让大多村民走出大田，脱离了农业生产，农村经济尤其是集体经济收入长期一蹶不振。就大田及其周边而言，20世纪90年代末兴起的砂糖橘种植让农村经济有了一次回光返照，但砂糖橘经济很快随着黄龙病的肆虐而中断。也正是在这一背景下，大田村在清远综合改革的框架下启动了重建集体经济的改革，通过土地再集中、农业的规模化经营探索村庄再组织化的路径，希望重新通过集体经济的有效连接打造经济共同体。几年的实践表明，集体的重建未能解决农业"弱质"的问题，人均土地面积小、土地产出收益差的问题不会因为经营方式得到根本性破解。而土地通过农民合作社整合并承包给新型农业经营主体后，倒是推动了更多劳动力从土地上解放了出来，客观上加速了村民非农化的过程，也就进一步从根本上对宗族村落釜底抽薪，让其经济样式难以为继。

四、"文化共同体"在温情脉脉中归于沉寂

乡村社会的最大价值是文化价值，乡村社会的最大吸引力是熟人社会下的温情脉脉，这都主要归功于传统宗族社会的社会网络和文化传承。城镇化进程中，进入陌生人社会打拼的个体会依恋农村的文化共同体，从而在一定时间段内强化对村落共同体的认同。也正是基于此，在大田村，春节、中秋节、冬至节，特别是清明节，包括已经在外定居乃

至已经取得城镇户口的外出村民大多都会回到村中,沉浸在熟知却又久违的乡村文化之中。每逢村中有红白事,也是村民聚集和村庄文化表象呈现的重要时间节点。但整体而言,随着农业文明和农村社会的式微,乡村社会的文化再生产能力不足,具体表现在传统文化的式微和现代乡村文化的沉寂。就大田村而言,传统祖宗信仰、宗教信仰、民间信仰等对青年一代的吸引力、号召力下降,诸如舞狮、耍刀、弄棒等传统文化样式也在代际传承中逐步失传,宗族村庄文化连接在传承,但却也在归于沉寂。这种沉寂,首先是与自然村走向消逝同步的。当然,乡村文化的式微也是一个很长的过程,大田村已经呈现出这种趋势,并在走向式微的路上。

五、"自治共同体"在制度重构中发展

传统时期,宗族村落是血缘共同体,文化共同体、利益共同体,也是一个自治共同体。宗族自治在大田村有着最纯真的体现,并通过一系列文字材料记录下来,让后人得以管中窥豹。20世纪80年代以来,全国范围内开展村民自治,大田村作为一个自然村,也成了行政村下面的一个村民小组,在更大的行政村空间内开展自治实践。行政村的自治显然是一种带有行政色彩的自治,也日益走向行政化。但在行政村之下,在大田村的层面,草根自治也一直以"队委"自治的形式存在着。新一轮的村民自治下移改革,将村民自治重心由行政村下沉到自然村一级,其实是将原本自然村的草根自治再制度化,再制度化的过程也是行政化的过程。

第二节 宗族型村庄的发展启示

回到文首,王沪宁教授曾经指出,中国的现代化,中国社会的未来发展,在很大程度上取决于人们对村落家族文化取何种态度,对村落家族文化的变化如何应变。① 党的十九大开启了全面建设社会主义现代化新征程,党的十九届三中全会提出了国家治理体系和能力现代化的要求,大田村所临近的粤港澳大湾区和中国特色社会主义先行示范区更是走在全国前列,为大国之治的中国方案探索落地方案、贡献基层经验。但是,起点决定路径,底色决定特色,传统宗族村落文化对于中国现代化具有重要的影响,并以此为根基的。研究大国之治的中国方案,或者说坚持和完善中国特色社会主义道路,必须首先要从历史延续性的视角来考察中国之治的传统根基,来审视宗族型村庄的发展变迁。

一、历史性看待中国之治的传统根基

习近平总书记曾指出:"中国特色社会主义不是天上掉下来的,是党和人民历尽千辛万苦、付出巨大代价取得的根本成就。"② 总书记还指出:"要了解中国特色社会主义形成和发展的脉络,更加充分认识其

---

① 王沪宁. 当代中国村落家族文化 [M]. 上海:上海人民出版社,1991:7.
② 习近平. 在庆祝中国共产党成立95周年大会上的讲话 [N]. 人民日报,2016-07-22.

历史必然性和科学真理性，应该拉长时间尺度，放在世界社会主义演进的历程中去把握。"① 马克思也曾指出："一个社会即使探索到本身运动的自然规律，它还是不能跳过也不能用法令取消自然的发展阶段。但是他能缩短和减轻分娩的过程。"② 由于社会主义革命基本上是在资本主义不发达和封建残余相当严重的落后国家取得胜利的③，而我国的社会主义更是从半封建半殖民地的历史条件下脱胎出来，封建主义的很多东西不可避免地会在生活的各个领域，或多或少地残存着，某种情况下甚至还会泛滥成灾。也正是这个原因，我们常常分不清什么是封建主义的、什么是资本主义的、什么是社会主义的④。在国际共产主义运动史中，社会主义究竟是什么样子的，苏联搞了很多年，也没有搞清楚，这就使得我们也缺乏一个有益的借鉴。中华人民共和国成立尤其是改革开放40年来，我国经济社会发展取得重要成就，中国特色社会主义也经过长期努力而进入了新时代，但我们仍旧处在社会主义初级阶段。由此，宗族村对于中国之治而言是最大的传统根基，也是必须要面对的历史遗产。从这个意义上讲，中国的现代化不仅是城市的现代化，更重的任务还是在农村的城市化。从另一个角度讲，即便是城市，也面临着在现代化进程中如何面对宗族村传统的问题。以作为中国特色社会主义先行示范区的深圳为例，虽然早在2004年就消除了农村建制，实现了

---

① 当代中国发展进步的根本方向（习近平新时代中国特色社会主义思想学习纲要③）——关于新时代坚持和发展中国特色社会主义[N].人民日报，2019-07-24.
② 马克思.资本论[M].郭在力，王亚楠，译.上海：上海三联书店，2009：12.
③ 王亚南.中国官僚政治研究[M].北京：中国社会科学出版社，1981：7.
④ 刘泽华.中国传统政治思想反思[M].北京：生活·读书·新知三联书店出版社，1987：180.

100%的完全城市化，但宗族传统同样在这个现代化城市刻下了深深的烙印，直到今天还在影响着城市的基层治理。如在临近深圳河的罗湖社区，因毗邻香港、靠近口岸的缘故，大量深港人在此聚居，但他们居住在此却很难融入原居民的生活，反倒是每年春节前后，罗湖村人会邀请早年在香港定居的同族人回村一起吃"大盆菜"，宗族的连接冲破了地域的限制，形成了跨越深圳河的社会网络。在同样位于深圳的松元厦社区，陈氏振能公于1751年前从梅州五华县搬迁而来，在此开基立业、繁衍生息。两百多年间，振能后人自此走到港澳、走向全球，担任过各地侨领的便有10多人。如今的松元厦，每年在振能祖诞日的时候便会邀请散布世界各处的族人回村，开宴两百多桌，共庆祖先生日。族人捐建的宗祠、书院等，也成为松元厦的重要文化资源，丰富着社区治理的内涵。

二、前瞻性谋划城乡中国的发展战略

未来中国的发展，关键在于打破城乡二元结构、推进城乡社会融合，让回不去故乡的年轻一代能够有机地融入城市，这是宗族型村庄发展的最大路向，也是城市发展过程中所应担负的责任。大田村村民不断走出大田，走入珠三角，而在珠三角，外来人口多乃至于人口倒挂是粤港澳大湾区各地市的明显特征之一，尤其是对于深圳、广州、东莞、中山、珠海等市，非户籍人口、非常住人口所占比重明显大于国内其他主要城市。以东莞市为例，截至2018年底，东莞市839万常住人口中，非户籍人口达到608万，占72.5%，排全国第一位。作为移民型特大城市的深圳，现有原住民大约有30万人左右，户籍人口460万人，常住人口1200万人，而实际管辖人口多达2200万人。即便是460万的户籍人口中，除去30万左右的原住民之外，其他也都是1978年之后来深的外来人口。大量非户籍人口尤其是非常住人口的存在，让粤港澳大湾区呈现出很大流动性。也正是在这种移民社会的影响下，才催生了破解新老居民矛盾的政经分离改革、政社分离改革，才有了中山的"新老中山人融合"、深圳的"来了就是深圳人"。移民社会底色也影响了城市的发展特别是基层治理。在中山，就有一个非常特别的社区——金斗社区。金斗社区位于中山市坦洲镇，在金斗村2015年的汇报资料中，了解到现有居民1986户，6095人。其中，代耕农2568人，其他3527人为2004年之前通过购房入户的新中山人。金斗社区的特别之处在于它是中山市唯一一个有社区无辖区、有居民无居民委员会的特殊社区。追溯社区的起源，金斗社区成立之初主要是为管理坦洲镇范围内因历史原因形成的代耕农群体，解决代耕农无人管理、无人服务的问题。后来大量外来人口通过购房入户的形式入户坦洲，但却无法享受所在社区提供的均等化服务，于是坦洲镇将镇区范围内的这些新建商品房小区划归金斗社区统一管理。由此可见统筹谋划城乡发展，不仅是乡的需要，也是城的必然。

三、系统性推进农村社会的制度变革

从大田的发展中可以看到，当前影响大田人城镇化进程的最大因素就是农村集体经济制度。当然，集体经济制度之下是更为核心的农村土地制度。农村集体经济脱胎于20世纪六七十年代的人民公社体制,虽然与宗族不完全重构,但在以自然村为主要聚居形态的华南社会却有着很深的内在关联。而且很长一段时间以来,血缘共同体成员在集体经济组织内具有因祖先而享有的与生俱来的自然权利,这种权利的正当性和合理性尽管是不成文的,但为血缘共同体所普遍接受和共同认可,是一种"自然法则"或"习惯法则",这也便是徐勇教授所论述的"祖赋人权"[1]。20世纪80年代以来,率先实施改革开放的广东不仅在经济总量上连续29年领先全国,而且其集体经济的发展走在了全国前列,尤其是粤港澳大湾区的9地市,集体经济不仅是地区经济的重要组成部分,而且对整个经济发展具有重要的支撑作用。但在20世纪80年代,随着集体经济的快速发展,原有集体所有制显得越来越不适应,产生一系列不良效应[2],由此也引发了问题导向的一系列改革。以深圳为例,1984年,万丰村在全国率先推行农村股份制改革,创设出"共同所有制"这一新的集体经济有效实现形式。[3] 深圳现有的股份合作公司则是始于1992年深圳经济特区的农村城市化,股份合作公司是特区在推进农村城市化过程中为承接原农村集体资产、保障村民身份转换后的就业和收入来源而创设的带有福利和过渡性质的一种混合性制度安排。可以说,深圳集体经济的良好发展与近30年来的不断深化改革密不可分。就整个粤港澳大湾区的9地市而言,佛山、中山、珠海等地也都在农村股份合作制改革的基础上实施股权固化、推进政经分离,也逐步走出一条与

---

[1] 徐勇. 祖赋人权:源于血缘理性的本体建构原则[J]. 中国社会科学, 2018 (1).
[2] 孙宝强. 城市化进程中的社区型股份合作公司发展研究[M]. 北京:中国社会科学出版社, 2016:73.
[3] 徐勇. 股份合作制崛起中的村治模式转换[J]. 政治学研究, 1999 (3).

深圳相同的发展路径。当然，各地市在这条集体经济有效实现形式探索之路上改革路向相同，但改革深度却各有区别。深圳走得最远，在集体经济公司化运作、市场化经营的同时推行政经分开；佛山、珠海、中山等地也在股权固化的基础上推行政经分离，但未能踏出集体经济公司化转型这一步；东莞等地虽然推进了农村股权化改革，但仍旧坚持基层党组织、村民自治组织、集体经济组织"三块牌子、一套班子"。但无论是采用哪种发展模式，或者说处于哪个发展阶段，根本上讲都还未能完全走出传统集体经济的桎梏。即便是在走在最前列的深圳，在股权分配上对"生不增、死不减"也不够坚持，在分配方式上从"按人分配"到"按份分配"的转型也不坚定，至今也未能在股份继承等方面实现实质性突破。相对于珠三角地区的改革，大田所在粤北地区更是在农村集体经济制度变革方面难以突破，甚至还存在"开倒车"的现象。但毋庸置疑的是，要推进国家治理体系和治理能力的现代化，就必须从农村的根本性制度入手，推动制度革新，以打破或者减轻传统元素对治理现代化的影响。

后 记

研究成果即将出版，内心深处颇多感慨。

首先，这是一项不成熟的研究。本研究原本是华中师范大学中国农村研究院"深度中国调查"的探索之作。用导师徐勇教授的话说，所谓"深度"，就是要从纵深的角度去深度挖掘，不仅要了解现实状况，还要把农村问题放在一个很长的历史过程中去把握，特别是抓住其特点特性。作为"深度中国调查"的探索之作，本研究却未能达到这样一个效果，辜负了导师的期待。

其次，这是一项很用心的研究。本研究基于笔者在个案村庄为期一年的驻村调研，以及后期三个多月的专题调研。这期间，笔者对村庄的每一户农户都进行了深度访谈和问卷调查，并根据导师的点拨在村中度过了春节、端午节、中秋节、冬至等传统节日，特别是连续两年在村里过清明节，让笔者深刻地理解了华南自然村落内宗族传统的传承。正是这样长时间段的参与式研究，让笔者触摸到了这个华南村落的传统形态，勾勒出了它在现代化进程中的发展实态，从而为本书的写作奠定了坚实的基础。

最后，这是一项有情怀的研究。这份情怀，既有源于对个案村庄情愫的担当感，要用文字记述滋养了我的大田；又有对大变革时代城乡社会变迁内在规律求索的使命感，要用深度调研挖掘大国之治的传统根基。相对于这样的学术追求，笔者的研究能力是有限的，文笔是稚嫩的，但这项研究饱含对华南乡土社会的浓厚情感。

这样一项研究成果最终能够出版，要感谢在学术上指导我不断前行的徐勇教授、邓大才教授，感谢曾经一起在大田奋斗的刘恩举、蔡友琼、朱建星等基层实践者，感谢大田村的所有父老乡亲。最为重要的，要感谢已经离我们而去的大田村的戈国星同志，星叔待我如同自己的孩子，本研究的很多内容，都是与星叔夜聊的成果。是他带我住进他自己家中，是他带我读懂了大田。

谨以此书献给星叔。